名师名校名校长

凝聚名师共识
回应名师关怀
打造名师品牌
培育名师群体

程晗远题

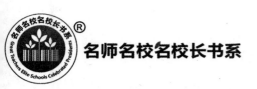

名师名校名校长书系

情注乡土

幼儿乡土文化教育
实践探索

金仁萍 / 著

民主与建设出版社
·北京·

图书在版编目（CIP）数据

情注乡土：幼儿乡土文化教育实践探索 / 金仁萍著
. -- 北京：民主与建设出版社，2019.5
ISBN 978-7-5139-2490-0

Ⅰ.①情… Ⅱ.①金… Ⅲ.①乡土教育—学前教育—
教学研究 Ⅳ.①G612

中国版本图书馆CIP数据核字（2019）第087851号

情 注 乡 土 ：幼 儿 乡 土 文 化 教 育 实 践 探 索
QINGZHU XIANGTU：YOUER XIANGTU WENHUA JIAOYU SHIJIAN TANSUO

出 版 人	李声笑
著　 者	金仁萍
责任编辑	刘　芳
封面设计	姜　龙
出版发行	民主与建设出版社有限责任公司
电　 话	（010）59417747　59419778
社　 址	北京市海淀区西三环中路10号望海楼E座7层
邮　 编	100142
印　 刷	北京虎彩文化传播有限公司
版　 次	2022年6月第1版
印　 次	2022年6月第1次印刷
开　 本	710毫米×1000毫米　1/16
印　 张	13.5
字　 数	243千字
书　 号	ISBN 978-7-5139-2490-0
定　 价	45.00元

注：如有印、装质量问题，请与出版社联系。

序 言
PREFACE

巴山渝水风，

筑梦新隆都；

幸为教育人，

仁润稚童心。

中山大涌，诗人眼中极富文化气息的南国小镇，我在这里已经工作20多年了。当别人问我，从大城市来到农村工作，后悔吗？面对这些或疑问，或不理解，或惋惜，我回答："大涌人重情、大涌人重义、大涌人重教，我已经深深融入这个地方，把这片热土当成我的第二故乡，谁会嫌弃自己的家乡呢？"

20世纪90年代，中国的改革开放如火如荼，我随着南下的热潮怀着满腔热血来到了中山的一个农村——大涌镇。这里有一个由本地华侨捐资新建的幼儿园，坐落在一片农田之中。我第一次去幼儿园的情景至今仍记忆犹新：一眼望去，稻田飘香，风景如画，幼儿园立在田中央，特别醒目，充满诗情画意。走进幼儿园，施工人员在园内进进出出忙着装修，小鸟就在草坪上悠闲的啄食嬉戏。人们从小鸟身边走过，它们竟然毫不惊慌，人与自然相处得如此和谐。我在园内走走看看，小鸟也跟着我飞飞停停，好像陪着我参观即将完工开学的新幼儿园。当地人看到我这个陌生的外乡人，非常热情友好地和我打招呼。我想，平日里花钱旅游，为的是避开城市的喧闹，感受乡间田野的宁静，这儿的环境不正是我向往的地方吗？我决定留下来了。

很多人不看好我，认为我在这儿干不了几年就会回大城市。其实，我能在农村坚持23年，与中山大涌市、镇两级组织和领导的支持是分不开的，他们给了我一个宽松的人文环境，让我有施展自己幼教理想的空间；我能在农村坚持23年，与新老大涌人的支持是分不开的，他们给了我一个友好配合的

1

家园环境，让我有教育他们孩子、爱上他们孩子的机会。这儿虽然是农村，但大家善良、朴实、仁爱，我喜欢这儿。

我应该做些什么呢？

20世纪90年代，中山农村的幼儿教育还是比较落后的，我可以把我的所学、所能发挥出来，为补当地幼儿教育的短板出一份力。于是，我在农村幼儿园坚守23年的同时，也开始了长达23年的教育科研之路。

大涌镇位于中山西部，俗称隆都地区，有着800多年的历史。隆都地区具有悠久独特的人文色彩和深厚的文化底蕴。祖辈为后人留下了丰富而璀璨的历史文化遗产和优秀的文化传统，一直以来都被誉为"文化之乡"。作为祖国的未来、家乡的希望，幼儿有责任了解家乡的人文资源、本土文化；作为新一代的幼儿教师，更有责任宣传本土文化，让家乡的本土文化走进幼儿的心里，从小就埋下爱家乡的种子，真正促进幼儿的全面发展、和谐发展。如何将本土文化转化为幼儿教育的文化教育资源？利用本土资源作为园本教育课程的研究是十分重要的。多年来，我坚持幼儿教育的多元化、多样化，认为教育的民族特色与地域特色应得到充分体现，坚持实施全面的素质教育，推进教育改革，并积累了宝贵、丰富的原始资料，初步摸索出乡土文化教育的经验，取得可喜的成果。

一晃二十几年过去了，我把坚守农村乡土教育的总结和心中的体会进行梳理，写出这本书，称为《情注乡土——幼儿乡土文化教育实践探索》。本书分为引论、概述、实践探索、营造氛围、凝练提升五个部分，阐释了情注乡土只为一份深沉的眷念，只为传承与创新展现"大美家乡"；分析了教育价值与现实意义、基本理论与基本原则、教育的基本策略；探讨了基于乡土文化的主题教育：方言的世界——农村地区幼儿口语能力的培养；隆都人家——乡土文化资源的幼儿教育开发；侨心润童心——运用本地华侨文化开展幼儿德育教育；利用本土红木文化开展幼儿生活教育的研究；依托乡土文化创设良好教育环境；建构幼儿园乡土文化教育模式。感悟了乡音、乡韵、乡情。

这项实践探索倾注了许多人的心血，我的同事在不同时期与我一起研究，省、市、镇的专家为我主持的研究进行了全程指导。这么多年的研究是我踩在巨人的肩膀上进行的，在整个过程中，我参考了太多前辈的研究资料和成果。

　　这本书显然还不太成熟，但毕竟是我农村幼儿教育的印记，呈现在大家面前，希望得到更多的指正和帮助。

　　我以书籍这种方式感谢几十年如一日关心、帮助、厚爱我的热心人士，希望"情注乡土"让我们到永远。

　　是为序。

金仁萍

2018年11月于中山大涌

目 录
CONTENTS

第四章　营造氛围：创设乡土文化教育环境

第五章　凝练提升：建构乡土文化仁润教育模式

第一章

引论：情注乡土

　　我在农村二十多年，深深地爱上这片土地，一直安教乐教，乐于农村幼儿教育，乐于农村幼儿教育课题实验。我在本章呈现自己的感受，作为开展乡土文化教育研究的问题引入。

只为一份深沉的眷念

我工作的地方叫隆都，隆都地区有着悠久独特的人文色彩和深厚的文化底蕴，祖辈为我们留下了丰富而璀璨的历史文化遗产和优秀的文化传统。作为祖国的未来、家乡的希望，幼儿有责任了解家乡的人文资源、本土文化，说好家乡话，了解家乡的风俗；教师更有责任利用本土优秀的教育资源传承文明，促进幼儿的全面发展。坚持立足于开发及整理本土文化资源，选择其中适合幼儿的教育资源，采用科学的方式将其与幼儿园课程有机融合，丰富幼儿园课程，促进教师拓展幼儿教育资源的能力，培养幼儿热爱家乡、认同家乡传统文化的美好情感。

在20世纪90年代的时候，为了加快发展农村地区的幼儿教育，给幼儿全面的素质启蒙教育，使幼儿的身心得到全面发展，根据当时的教育状况，特提出"创设农村幼教良好环境，促进幼儿发展"的研究。

幼儿园的教育内容是全面的、启蒙性的，包括健康、语言、社会、科学、艺术等多个领域。根据了解，农村幼儿园系统开展研究课题的不多，这更增加了研究探讨的迫切性。幼儿教育在教育的全过程中起着极其重要的作用，当我立志在农村做一项系统研究的时候，幼教工作者的责任心和使命感油然而生。

传承与创新展现"大美家乡"

时间进入了21世纪，随着知识经济的发展，社会对人才的需求越来越大，对人才质量的要求越来越高。面向21世纪的教育是全面的素质教育，素质教育的核心是以人为本，培养全面发展的一代新人。为了使幼儿得到全面的素质启蒙教育，必须抛弃"知识学习"的价值取向，确立培养"完整儿童"的价值取向。随着我国幼儿教育改革的不断深化，教育资源对幼儿教育和幼儿发展的重要性正在日益显现。幼儿教育阶段可开发的资源很多，除幼儿园内部的教育资源外，还包括广泛的自然资源、丰富的本土文化资源等。陈鹤琴早就提出："大自然、大社会都是活教材。""应创造条件让幼儿广泛地接触社会和自然，在实践中探索以大自然和大社会为中心的活课程、活教材。"在幼儿熟悉的乡土文化中获取教育的资源，既贴近幼儿的生活，又有利于扩展幼儿的经验与视野。

历史文化是先进文化的源泉，先进文化又是中华民族复兴的灵魂和精神力量。因此，随着知识、经济、科技的迅猛发展，许多传统的民俗习惯、岁时习俗、乡土历史文化、民间艺术文化等都被现代人遗忘。实际生活中，我们发现很多幼儿对家乡文化逐渐陌生，甚至连家乡话都不会讲或者不太会讲。在培养幼儿前进的步伐中，乡土文化教育是不可或缺的，它非常切实地根植于幼儿所处的文化土壤，有其自身存在的价值和内涵。作为教师，有责任开阔幼儿的眼界，丰富幼儿的经验，使幼儿更加关心社会、了解家乡，更加关注家乡的发展，从而促进幼儿的和谐发展。

第二章

概述：滴水情深的乡土视界

　　美丽的花朵需要细心栽培和呵护，美好的人生需要悉心的培养和爱护。幼儿教育的精髓在于着眼于人的未来发展，在人生的起始阶段及时给予栽培。可以说，人生的发展蓝图是从幼儿教育开始设计的，在农村的幼教实践中逐渐强化了一个认识：扎根乡土，润泽教育的芳香。

幼儿乡土文化教育价值与现实意义

一、乡土的文化意蕴

乡土是一个悠长而温暖的词汇，在《列子·天瑞》中就有"去乡土、离六亲"的句子，可见乡土一词有悠久的历史。乡土一词在教育学、社会学、文学等领域广泛应用，从而形成乡土教育、乡土社会、乡土文学等学科范畴。

乡土不只是一个区域，其结构应该有三个基本构成要素：乡土区域、区域中的人、区域环境和人的关系。具体可以表达为乡土认知、乡土爱、乡土情怀、乡土建设、乡土改造等丰富的内容。乡土是人的栖居之地，人们在这片土地生存、生活；乡土是人的生息之地，借土地之利，人们创造财富，满足自身的经济需要。因此，乡土区域既是一个地理空间，也是一个人们从事政治、经济、文化活动的生活空间，从而赋予乡土丰富的含义。

乡土是附着在这片土地上的人和事、自然和社会。乡土文化是人和自然、人和社会、人和人的关系中衍生的文化，所体现的本乡本土的地域特色、自然景观、文物古迹、地名沿革、历史变迁、社会发展及民间艺术、民俗风情、名人逸事、语言文化等，都在以一种"无声"的文化形式影响和熏陶着乡土生活中的人们。以乡土体现文化，以乡俗施以教化，是乡土文化的重要功能。

中国传统文化中，家和国是一个价值共同体。家是缩小的国，国是扩大的家，这一思想有着深厚的文化根基，体现出爱国爱乡、家国一体的情怀。由此可以看出，乡土教育不是偏居一隅的教育，而是与民族的前途、国家的命运连接在一起的。

二、幼儿教育与教育本土化的意义

家乡文化自身存在的价值和内涵是优秀的教育资源，选择其中适合幼儿的教育资源，采用科学的方式将其与幼儿园课程有机融合，丰富幼儿园课程，是幼儿园不可多得的乡土教育内容。由于取材于乡土，大多是幼儿感兴趣的、适合幼儿的内容，实用、直观。在教育活动中，幼儿喜欢参加，师生互动频繁，操作性强。幼儿在活动中通过体验认识乡土，对自己的家乡产生情感。针对乡土教育活动，我们采取"活"的教育，内容活、方法活、学习活、教学活。这种活化的教学理念与方法符合幼儿的年龄特点，是幼儿园教育教学实践改革的内容之一。

长期以来，中国人始终没有停止过对教育本土化建设和改造的探索。像陶行知、陈鹤琴这样的有识先辈们，他们结合国情、扎根乡土，对扎根教育的本土化建设做出了榜样性的贡献。所凝聚、反映的人文精神激励着当代人和后人艰苦奋斗、爱国爱乡、建立崇高的民族精神和民族气节，是一笔宝贵的精神财富。培养幼儿对家乡的文化具有认同感和自豪感，有着积极的现实意义和借鉴价值。让"乡土文化"背后体现出来的诚信、知礼、感恩、刻苦、勤劳、节俭、自立、自信的精神滋润幼儿幼小的心灵，培养幼儿良好的思想和行为品德，为幼儿一生的发展奠定坚实的基础。幼儿园的园所文化是不能绕过地域文化而建设的，应把文化课程体系建设作为幼儿园发展的重点工作，作为幼儿园促进内涵发展的重要载体和抓手。

课程改革的多元化发展趋势是时代的要求，课程必须坚持社会主义方向，必须体现社会主义核心价值观。课程的多元化选择必然面对两种不同的文化，即国际文化和本土文化。而本土文化在课程中要体现本国、本民族的独特文化功能，即课程的向异性或特色。实际上，国际性与民族性、世界性与国家性就其文化来说是辩证统一的关系，所以我们才说只有民族的才是世界的。就是说，国际性与民族性、本土性并不是矛盾的，而是相辅相成的。正是民族性、本土性和国际性保证了课程文化的多元化发展。从现实意义上来看，乡土教材以其浓烈的乡土气息和独特的地域传统，从根本上能够代表民族文化或本土文化的特点，从而能够对已向国际化发展的课程注入本土文化的养分，推动幼儿园课程向多元化方向发展。

乡土文化是极富教育意义和价值的幼儿教育资源。

在培养幼儿前进的步伐中，乡土文化教育是不可或缺的。它非常切实地根植于幼儿所处的文化土壤，而每种文化都有其自身存在的价值和内涵，大涌华侨文化是不可多得的教育资源。因此，开发和利用大涌华侨文化教育资源在幼儿教育过程中有着重大的实践意义。

三、立足于发展社会主义先进文化

1. 对中华传统文化核心理念的追问

挖掘传统文化是幼儿园乡土文化课程的需要。中华民族的传统文化经过五千年的传承和积淀，在冲突和交流中互相融合，形成了独特的传统文化，值得我们去品读和翻阅。教育传递文化，同时文化也在潜移默化地塑造着我们。

"天下兴亡，匹夫有责。"我们每一个人都有责任和义务去继承与发扬传统文化。

幼儿教育对教育本土化的影响深远，发展本土文化任重而道远。尽管路途艰难，布满荆棘，依然砥砺前行，为学前教育事业贡献自己的一份力量。

2. 对古代教育思想的追问

中国古代思想家、教育家，儒家学派创始人——孔子开创了私人讲学的风气，倡导仁、义、礼、智、信。孔子的"仁者爱人"要求人用一颗仁爱的心关心人、爱护人、帮助人，体现了人本主义的倾向。以孔子的"仁者爱人"为指导，以人为本，重视人生命的价值；以人为重，尊重人的尊严和人格独立，使教育远离暴力、体罚和偏见。

孔子道德教育的主要内容是"礼"和"仁"。其中，"礼"为道德规范，"仁"为最高道德准则。"礼"是"仁"的形式，"仁"是"礼"的内容。有了"仁"的精神，"礼"才真正充实。"学而知之"是孔子教学思想的主导思想，在主张不耻下问、虚心好学的同时，强调学习与思考相结合（"学而不思则罔，思而不学则殆"），同时还必须"学以致用"，将学到的知识运用于社会实践。

孔子最早提出启发式教学。他说："不愤不启，不悱不发。"意谓教师应该在学生认真思考并已达到一定程度时恰到好处地进行启发和引导。他是最早在教学实践中采用因材施教方法的教育家，通过谈话和个别观察等方法了解和熟悉学生的个性特征。在此基础上，根据各个学生的具体情况，采取不同的教育方法，培养出了德行、言语、政事、文学等多方面的人才。孔子热爱教育事业，毕生从事教育活动。他"学而不厌，诲人不倦"，不仅言教，更重身教，以自己的模范行为感化学生。他爱护学生，学生也很尊敬他，师生关系非常融洽，是中国古代教师的光辉典范。

教育是一项爱的工程，需要教育者付出巨大的、艰辛的劳动，需要有献身教育事业的决心和勇气，并在这一过程中体验自己生命的价值和无限的幸福。这样的工作没有仁爱之心是办不到的。要知道，"凡是教师缺乏爱的地方，无论是品格还是智慧，都不能充分或自由地发展。"既然从事了教育事业，教育工作者就要承担起教育人的责任，以仁爱为前提，主动提高自身素质；培养良好的教师道德，热爱教育事业，积极献身教育事业；热爱学生、理解学生，平等对待每一个学生。教师要从学生的需要出发，尊重学生的个性，激发学生的兴趣，争取让每一个学生在充满爱的环境中得到完善而全面的发展。

3. 对当代教育新思想的追问

习近平总书记指出："文化自信是更基础、更广泛、更深厚的自信。在5000多年文明发展中孕育的中华优秀传统文化，在党和人民伟大斗争中孕育的革命文化和社会主义先进文化，积淀着中华民族最深层的精神追求，代表着中华民族独特的精神标识。"在当代中国，社会主义先进文化是具有中国特色的文化，是民族的、科学的、大众的文化，也是面向现代化、面向世界、面向未来的文化。当前，不断增强社会主义先进文化自信，深刻把握其鲜明特性。社会主义先进文化的科学性主要体现在三个方面：一是指导思想的科学性。马克思列宁主义、毛泽东思想和中国特色社会主义理论体系是建设社会主义先进文化的根本指导思想。二是发展方向的科学性。我们党在革命、建设和改革的历史进程中，坚持把马克思主义基本原理同中国具体实际相结合，继承中华优秀传统文化，吸取外国文化有益成果，创造了崭新的社会主义先进文化。三是核心价值观的科学性。社会主义核心价值观是社会主义先进文化的精髓，坚持一元性与多样性、先进性和广泛性的有机统一，具有鲜明的时代性。社会主义先进文化是为了人民、服务人民的文化，不断满足人民群众的精神文化需求是社会主义先进文化发展的内在要求。

习近平总书记在会见庆祝第三十个教师节暨全国教育系统先进集体和先进

个人表彰大会受表彰代表后，在北京师范大学强调，全国广大教师要做"有理想信念，有道德情操，有扎实知识，有仁爱之心"的四有好老师，为发展具有中国特色、世界水平的现代教育，培养社会主义事业的建设者和接班人做出更大贡献。

习近平总书记指出，学为人师，行为世范。做优秀教师，要有理想信念。优秀教师应该做中国特色社会主义共同理想和中华民族伟大复兴中国梦的积极传播者，帮助幼儿筑梦、追梦、圆梦，让一代又一代年轻人成为实现民族梦想的正能量。

做优秀教师，要有道德情操。教师对幼儿的影响离不开教师的学识和能力，更离不开教师为人处世、于国于民、于公于私所持的价值观。教师是幼儿道德修养的镜子。优秀教师应该取法乎上、见贤思齐，不断提高道德修养，提升人格品质，并把正确的道德观传授给幼儿。

做优秀教师，要有扎实的学识。扎实的知识功底、过硬的教学能力、勤勉的教学态度、科学的教学方法是教师的基本素质，其中知识是根本，是基础。优秀教师还应该是智慧型教师，具备学习、处世、生活、育人的智慧，能够在各个方面给幼儿以帮助和指导。

做优秀教师，要有仁爱之心。爱是教育的灵魂，没有爱就没有教育。优秀教师要用爱培育爱、激发爱、传播爱，通过真情、真心、真诚拉近与幼儿的距离，滋润幼儿的心田。优秀教师应该把自己的温暖和情感倾注到每一个幼儿身上，用欣赏增强幼儿的信心，用信任树立幼儿的自尊，让每一个幼儿都健康成长，让每一个幼儿都享受成功的喜悦。

幼儿乡土文化教育的基本理论与基本原则

一、基本理论依据

1. 依据之一：陶行知生活教育理论

生活教育理论是陶行知教育思想的核心，也是改造中国传统教育的锐利武器。其中，"生活即教育""社会即学校"和"教学做合一"是其三大理论基石。

"生活即教育。"这是生活教育理论的本体论，也是生活教育理论体系的核心。在陶行知看来，生活就是教育，生活的内容至广至大，因而生活也是一种广泛的教育。他认为，一方面，生活决定教育，教育绝不能脱离生活，教育的目的、内容和方法都不能脱离现实社会生活的需要；另一方面，教育对生活具有能动作用，应通过引导生活、改造生活来创造新生活。

"社会即学校。"这是生活教育理论的范围论，即"生活即教育"思想在学校与社会关系问题上的具体化。提倡"社会即学校"，一方面旨在拆除学校与社会之间的高墙，扩大教育的范围、对象和学习的内容，密切学校与社会的联系，使学校真正成为社会生活必不可少的组成部分；另一方面，也使社会的每一个地方、每一个生产生活组织或机构都承担起教育的职能，整个社会成为一所大学校，变原来的"小众教育"为真正的"大众教育"。通过学校教育与社会生活的紧密结合，不仅促使学校自身的进步，而且有利于教育的普及，从而促进生活的改善和社会的进步。

"教学做合一。"这是生活教育理论的方法论。有感于传统教育的教与学相脱离、书本知识与实际生活相脱节，陶行知提出了"教学做合一"的主张。在陶行知看来，"教学做合一"包含了三层意思。一是指方法，事怎样做就怎样学，怎样学就怎样教；二是指关系，对事说是做，对己说是学，对人说是

11

教；三是指目标，教育既不是教人，也不是教人学，而是教人学做事。在这三个方面中，"做"是"学"的中心，也是"教"的中心。总体而言，陶行知教育思想具有突出的民族性、平民性、大众性和实践性，很多观点与现代教育的本质要求和价值追求内在相通，对当代教育富有重要的启示意义。

2. 依据之二：《幼儿园教育指导纲要》教育理论

对于幼儿来讲，除了认识周围世界、启迪其心智的学习内容以外，一些基本的生活和做人所需要的基本态度和能力，如卫生习惯、生活自理能力、交往能力等都需要学习。但是这样广泛的学习内容不可能仅仅依靠教师设计和组织的教育教学活动来完成，也不可能通过口耳相传的方式来实现，幼儿只能在生活中学习生活，在交往中学习交往。即使是认知方面的学习，也要紧密结合幼儿的生活经验，才能被幼儿理解和接受。《3~6岁儿童学习与发展指南》（以下简称《指南》）中指出，幼儿园要"充分利用社会资源，引导幼儿实际感受祖国文化的丰富与优秀，感受家乡的变化和发展，激发幼儿爱家乡的情感"。《幼儿园教育指导纲要》（以下简称《纲要》）中提出，"幼儿教育是基础教育的重要组成部分，是我国学校教育和终身教育的奠基阶段。"城乡各类幼儿园都应该从实际出发，因地制宜地实施素质教育，为幼儿一生的发展打好基础。因此，幼儿园课程具有浓厚的生活化的特征，课程的内容来自幼儿的生活，课程实施贯穿于幼儿的每日生活，幼儿的年龄特点和身心发展需要决定了幼儿园教育目标和内容的广泛性，也决定了保教合一的教育教学原则。

3. 依据之三：建构主义

建构主义是一种关于知识和学习的理论，强调学习者的主动性，认为学习是学习者基于原有的知识经验生成意义、建构理解的过程，而这一过程常常是在社会文化互动中完成的。建构主义的提出有着深刻的思想渊源，迥异于传统的学习理论和教学思想，对教学设计具有重要的指导价值。

建构主义的最早提出者可追溯至瑞士的皮亚杰（J.Piaget），他是认知发展领域最有影响的一位心理学家，所创立的关于幼儿认知发展的学派被人们称为"日内瓦学派"。皮亚杰的理论充满唯物辩证法，坚持从内因和外因相互作用的观点来研究幼儿的认知发展，他认为，幼儿在与周围环境相互作用的过程中逐步建构起关于外部世界的知识，从而使自身认知结构得到发展。

幼儿与环境的相互作用涉及两个基本过程——同化与顺应。同化是指把外部环境中的有关信息吸收进来，并结合到幼儿已有的认知结构（也称图式）中，即个体把外界刺激所提供的信息整合到自己原有认知结构内的过程；顺应是指外部环境发生变化，而原有认知结构无法同化新环境提供的信息时所引起的幼儿认知结构发生重组与改造的过程，即个体的认知结构因外部刺激的影响而发生改变的过程。可见，同化是认知结构数量的扩充（图式扩充），而顺应则是认知结构性质的改变（图式改变）。认知个体（幼儿）就是通过同化与顺应这两种形式来达到与周围环境的平衡。当幼儿能用现有图式同化新信息时，处于一种平衡的认知状态；当现有图式不能同化新信息时，平衡即被破坏，而修改或创造新图式（即顺应）的过程就是寻找新的平衡的过程。幼儿的认知结构就是通过同化与顺应的过程逐步建构起来的，并在"平衡——不平衡——新的平衡"的循环中不断地得到丰富、提高和发展，这就是皮亚杰关于建构主义的基本观点。

4. 依据之四：相关学科视野

文化比较研究，也称为泛文化比较法，该研究方法最早在人类学领域中被采用，近些年来逐渐受到行为科学家的注意，并成为行为与社会科学研究的重要方法之一。这一研究方法的基本前提是利用全世界各种不同文化为样本，以其资料做比较研究，以便验证对人类行为的假设。这一前提并非仅仅是由于人类学家着眼于全人类文化的偏好，而是有其实际理论的重要意义。文化比较研究采取文化交错比较的策略，可以把用于比较的民族其相同部分的文化当做控制群，进行其相异部分的分析，进而求取文化变量的关系，从文化的纵向到横向的变化上对乡土教材变化情况进行比较。我们之所以借鉴这种方法，是因为这一方法在社会科学领域中运用文化比较研究越来越灵活，具有很大的启发意义。

理论分析是在众多学科中广泛应用的方法，尤其是在社会科学中更具有普遍的应用性。理论分析方法与经验分析方法相对，是在感性认识的基础上通过理性思维认识事物的本质及其规律的一种科学分析方法。理论分析属于理论思维的一种形式，是科学分析的一种高级形式。它是在思想上把事物分解为各个组成部分、特征、属性、关系等，再从本质上加以界定和确立，进而通过综合分析，把握其规律性。在教育研究领域中，大多数理论都来自教育实践和教育经验，很多教育实践和经验经过系统化总结和科学归纳走向理论。所以，很多教育理论本身是教育实践的升华，教育理论反过来对教育实践产生十分重要的指导意义，从而使教育实践活动的效率得到提高，加强教育的有效性、有序性和方向性。

经验总结法是教育研究领域的独特方法。到目前为止，教育领域中的众多研究方法中唯独经验总结法是源自教育，其他方法都是从其他学科中引进的。经验总结法是通过对实践活动中的具体情况进行归纳与分析使之系统化并理论化，上升为经验的一种方法。总结推广先进经验是人类历史上长期运用的、较为行之有效的领导方法之一。所谓经验，是指由于知识或技能是凭借个人或团体的特定条件与机遇而获得的，带有偶然性和特殊性的一面。因此，经验并非一定是科学的，需要理论研究者和实践者做一番总结、验证和提炼加工。总结经验一般在实践中取得良好效果后进行。在总结经验时，一定要树立正确的指导思想，对典型要用马克思主义的立场和观点进行分析判断，分清正确与错误、现象与本质、必然与偶然。经验一定要观点鲜明、正确，既有先进性和科学性，又有代表性和普遍意义。在这么多年的乡土文化教育实践中，理论分析和经验总结起着极其重要的作用。

二、基本原则

1. 乡土文化教育的出发点：幼儿为主体

幼儿是课程的主体，要注意幼儿创造的知识文化，重视幼儿对知识的主动建构和独特理解，幼儿的成长发展需要的是整体类的知识。基于以上方面的考虑，并结合地域文化自身优势，将幼儿园课程与地域文化有机渗透整合，让这种既贴近幼儿生活又体现幼儿主体性的课程形式真正融入幼儿教育，让幼儿的快乐体验和自主发展成为该课程体系运作的核心理念。

2. 乡土文化教育的目标：促进幼儿全面发展

地域文化教育所孕育和形成的核心价值，是实现幼儿教育育人目标的理性思考。通过乡土文化课程体系的探索，挖掘出乡土文化中适合幼儿的、利于幼儿学习的资源，创设出富有本土文化特色的幼儿教育环境，让幼儿在潜移默化当中了解、关注、传承乡土文化。探索以地域文化课程为主的特色园所文化，形成具有园本特色、地方特色的教育模式，丰富幼儿的社会生活经验，发展幼儿的社会认知能力，培养幼儿的民族自豪感，让本土文化厚实幼儿的素养，加强幼儿对家乡文化的认同感，促进幼儿全面发展。

3. 乡土文化教育的方式：游戏化的教育活动

以乡土文化为载体，为幼儿创设乡土文化的教育环境、活动和游戏，采用主题和生成课程相结合，通过游戏化、生活化的方式引领幼儿学习家乡文化，让幼儿运用体验式学习方式架构自己的核心经验。在这种春风化雨、润物无声的过程中，教师和幼儿亲近家乡的风景名胜，感受家乡的历史文化，挖掘家乡的人文资源，了解家乡的名人轶事，品尝家乡的特色美食，体验家乡的饮食文化。

幼儿乡土文化教育的基本策略

一、整合策略

幼儿园乡土文化教育的实施遵从整合原则。我们将"健康、语言、社会、科学、艺术"等五大领域整合，各领域的内容相互渗透，从不同的角度促进幼儿情感、态度、能力、知识、技能等方面的发展。

1. 目标的整合

教育目标是教育所要达到的最终结果。目标的整合是教育整合的基础，直接影响教育内容的整合，进而影响教育方式和形式的整合。如在制订"传统文化大观园"这一活动的目标时，我主要考虑一个活动指向多个目标能更好地促进幼儿的发展，活动的目标是这样定位的：

根据不同阶段幼儿年龄特点和活动兴趣，以游戏为活动的主要形式。在游戏活动中，力求幼儿情绪饱满、愉快。如"跳舞拜年送祝福"环节中，家长、幼儿和教师一起手拉手跳舞、互相拜年，幼儿在活动的过程中模仿成人锻炼肌肉、平衡动作，此为健康领域的活动目标。

在游戏"欢乐巡游欢乐年"环节中感受十二生肖的数字概念，此为科学领域的活动目标。

在"传统文化大观园"活动七个传统主题区域的"趣味方言区"内，幼儿进行言语的感知，此为语言领域的活动目标。

"传统文化大观园"活动的各个环节都伴随着幼儿社会性的交往，运用语言、动作表达自己的意愿，此为社会领域的活动目标。

在"传统文化大观园"活动七个主题区的"木艺DIY区"内，幼儿与家长运用红木自主制作，发挥无限的想象力与创造力，此为艺术领域的活动目标。

2. 内容的整合

内容的整合是幼儿教育整合的主要表现，也是最基本的整合。

领域内的整合。《幼儿园教育指导纲要》中特别强调"身心并重"的科学教育观。活动中既要注重幼儿活动目标的达成，还要注重幼儿心理健康的培养。教师为幼儿创设良好的游戏环境：红红的灯笼、各式各样的传统美食、制作汤圆用的工具、木头等。在整个游戏活动中，幼儿身心愉悦，促使每个幼儿自主积极地参与到活动之中。

领域间的整合。在活动中，注重各领域教育内容的互相渗透。例如在传统文化大观园活动"幸福汤圆幸福年"的环节中，幼儿与家长一起制作象征幸福团圆的汤圆。在制作的过程中，幼儿要在认知层面上认识材料，实现科学领域的活动目标；同时模仿家长的动作技能学习包汤圆，在收获乐趣的同时发展幼儿的精细动作，有利于幼儿平衡力的发展，实现健康领域的活动目标；在制作汤圆的过程中发挥想象力，也是对美的感受与创造的过程，各个领域之间彼此牵制、整合与运用。

3. 方法、形式及手段的整合

方法、形式及手段的整合需要教育实践的经验，需要对幼儿生活水平的洞察能力，需要教育活动组织的应变能力。以提高教育的成效为目的，对教育活动的方法、形式及手段的整合是确保教育整合取得应有成效的关键。为此，在组织本次活动时，我根据幼儿的年龄特点，采用了游戏化的活动方法，如"包汤圆""舞龙狮"等都是幼儿乐意接受的游戏形式，贴近幼儿生活，从而充分调动幼儿活动的兴趣以及积极性、参与性和主动性。因此，整合活动与学科活动是相互依存、相互制约、相互配合、相互促进的。

二、生活策略

幼儿园乡土文化活动的实施遵从生活化原则。

陶行知认为："生活教育是以生活为中心的教育。从定义上说，生活教育是给生活以教育，用生活来教育，为生活向前、向上的需要而教育。教育要通过生活才能发出力量，成为真正的教育。""生活就是教育"也是著名的幼儿教育家张雪门所倡导的，他提出的"行为课程"也以生活作为理论建构的基点。这就告诉我们，教育要面向现实生活才能有成效，教育与生活原是一家。我们要重视幼儿生活本身的教育，实行教育生活化，使生活成为课程资源，让教育融入生活之中。

在实施乡土文化的过程中，我们一直秉承着这个原则，在"传统文化大观园"活动——2018年大涌镇中心幼儿园欢乐跨年亲子活动中，我们精心布置了七个传统文化主题区：交通创意区、趣味方言区、木艺DIY区、民俗迎春花区、民间游戏区、隆都美食区、华侨文化区，贴近了幼儿生活，完整了生活情境，让幼儿愿意主动学习与建构，完善了幼儿学习机制，实现了幼儿教育生活化。

三、体验策略

幼儿园乡土文化活动的实施遵从体验化原则。

1. 幼儿园环境中感受气息

（1）静态环境的布置。幼儿园在收集整理家乡特产、历史文物、名胜古迹、传统节日见闻等乡土文化资源的基础上，可以用图片的形式将之布置于幼儿经常路过的走廊和过道。通过环境的陶冶，让幼儿随时感受几千年历史文化底蕴的乡土文化带给我们的震撼。例如幼儿园的红木文化、艺术长廊等都是用文化的内涵诠释乡土的力量。

（2）手工活动的开设。幼儿园可以组织教师和家长充分挖掘乡土资源，引导幼儿共同制作具有乡土特色的教学用具和游戏器材，进而促进幼儿在游玩中加深感受乡土文化的魅力所在。

2. 班级环境中师生共同营造氛围

班级环境的设置要符合幼儿的年龄特征，有利于幼儿的身心发展，突出教学活动的需要，促进学习的功能。就乡土文化的教学而言，幼儿园可以要求各年级教师根据本班的实际情况进行小环境的创设，引导幼儿与家长一起制作具有本土文化气息的玩具、图画、绣品等，录制具有本地特色的民间乐曲，利用课余时间在班级播放，进而从视觉、听觉、触觉等多维度促进幼儿感知本地的乡土文化。

3. 常规活动中融会贯通

幼儿的一日活动中开发和利用乡土资源不仅可以开阔幼儿的眼界，丰富幼儿的经验，弥补幼儿教育资源的不足，拓展幼儿园课程的内容，还可以发展幼儿的社会意识，使幼儿更加关心社会、了解社区，更加关注自己周边的生活，轻松愉快地融入社会。我们根据本地特色和幼儿的兴趣创设了各个区域，使用同种材料在各个区角活动中创造出丰富的玩法。如在操作区中让幼儿用木头摆图形、拼画、制作打击乐器；在益智区中把木头涂上颜色，让幼儿排序、认颜色；在体育区中进行木头投掷；在美工区中用各种各样的木头作画、木头点画；展示区各处都是木工创意装饰等。这些材料既可在益智区中让幼儿进行分类、排序、数数等，又可在操作区中进行搭建活动。这些区域游戏的开展极大地促进了幼儿创造力的发展，有效地激发了幼儿亲近自然的积极性和主动性。

4. 大型活动中加深记忆

大型活动能给幼儿带来更多的灵感和顿悟，让幼儿感受乡土、传承乡土。我园一直秉承着"仁者爱人、仁爱满园；文化育人、润泽童心"的核心思想传承本土文化，开展了"传统文化大观园"系列活动，旨在以"传承优秀传统文化，弘扬和谐教育氛围"为目标，凸显仁润教育的文化办园特色。在组织各种"挖掘乡土文化，弘扬仁润教育"的活动中，我们一直保有初心，贴近幼儿生活，在大型活动中全员参与，让幼儿亲自动手操作、亲自感受，去听、去做、去感受，加深幼儿印象，给幼儿以最好的精神陶冶，促进幼儿的身心发展，符合幼儿的年龄特征，真正意义上实现乡土文化的生活化。

四、游戏策略

幼儿园乡土文化活动的实施遵从游戏化原则。我国著名教育学家陈鹤琴在其著作《儿童心理之研究》中说："游戏是儿童的生命。"游戏是一种创造性的活动，可以给幼儿提供一种相对较为轻松愉悦的环境，减轻幼儿的精神负担，让幼儿在温馨的环境里自由、自主地发展。幼儿教育尊重幼儿的人格和权利，尊重幼儿的身心发展规律，以游戏为基本活动，保教并重，尊重幼儿的个体差异性。幼儿园活动游戏化是他们最好的学习形式。学前期的幼儿由于年龄特点的影响，其有意注意发展不成熟，无意注意占优势，所以教育的内容要富有趣味性，吸引幼儿的注意力，让幼儿在极短的时间内可以有所收获。

在"传统文化大观园"——2018年大涌镇中心幼儿园欢乐跨年亲子活动中，我们运用了很多策略方法使内容趣味化，以吸引幼儿的注意力。例如在"张灯结彩迎新年"环节中，我们布置了许多五颜六色的花灯，装饰了园内的树，用视觉上的冲击力吸引幼儿；在"跳舞拜年送祝福"和"幸福汤圆幸福年"环节中，大家一起跳舞、包汤圆，在动作技能的感知能力上吸引幼儿；在"缤纷礼花贺新年"环节中，通过燃放烟花，从视觉、听觉中感受节日气氛，学习乡土文化。"传统文化大观园"活动就是利用游戏化的形式，结合本土文化的特点，通过传统民间游戏——大观园、巡游、吃团年饭、阅读等，营造崇德向善、爱国爱乡的浓厚氛围，培养幼儿的爱国爱乡之情。

第三章

实践探索：扎根乡土教育

　　在农村，只要让幼儿在生活中感受浓浓的乡音、乡韵、乡情，就能获得书本上永远也体会不到的感受。自2001年开展幼儿乡土文化教育实践探索以来，我主持了《方言的世界》《隆都文化资源的幼儿教育开发》《侨心润童心》《乡土文化特色环境》等幼儿乡土文化教育系列课题研究，凝练出乡土文化教育的实践模式——仁润教育。在农村的幼教实践让我坚信：扎根乡土，催生教育的芳香。

方言的世界——农村地区幼儿口语能力的培养

《方言的世界——农村地区幼儿口语能力的培养》是我在农村地区的第一个幼儿园乡土文化教育课题研究，课题研究很辛苦，但是成果也是令人欣慰的。《农村地区幼儿口语能力的培养》获广东省第五届普通教育教学成果二等奖、广东省中小学教育创新成果三等奖、中山市第三届普通教育科学研究成果一等奖。

由于我园地处农村地区，幼儿的视野不够开阔，对事物观察得不够透彻，语言交往的意识比较低，还没养成良好的说话习惯。加上生活在隆都方言区，语言交流都要经过"隆都话——白话（广州话）——普通话"的转换，给幼儿的学习造成了许多困难。2000年，我园开展了"农村地区幼儿口语能力的培养"的实践。

一、营造快乐的语言天地

"快乐"带给幼儿的意义，无论怎样估计都不算高。从生命意义的角度理解，愉快的童年生活对生命的发展有着极其独特的价值，并将对其一生起作用。我们为幼儿创设一个表现自己和提升听、说、读等语言能力的快乐天地，极大地调动了幼儿学习语言的兴趣，满足了幼儿强烈的好奇心和表演欲望，培养幼儿大胆、有条理、有感情地表达自己的能力。

1. 营造多种语言并存的环境，提高幼儿的语言水平

"求木之长者，必固其根本，欲流之远者，必浚其泉源。"幼儿自出生就生活在自己祖辈创造的本土环境当中，开口说的第一个词或音也是祖辈的方言，就是他的母语。将来，在他所生长的这块土地上，母语将是他生活、工作中不可缺失的东西。在幼儿园里，我们应保护他的母语，并在此基础上丰富幼儿的语种。随着社会的发展，当地人和外界的接触越来越频繁，外来人口的融

入越来越多，这给我们带来了不同的文化，也给我们带来了丰富的语种。在我园开展的一系列幼儿语言教育探索研究的实践中，我们发现通过有效的语言教育指导，即使在多种语言并存的环境里，幼儿也能很好地学习，而且通过不同文化的融合和语言的交流大大地激发幼儿语言的能力。不同的声音、不同的语言特点给幼儿带来了学习语言的兴趣，而兴趣是最好的老师。《幼儿园教育指导纲要》第一次比较明确地提出要重视幼儿语言的运用。语言学习的最终目的是运用，当语言成为幼儿的思维模式，就成为幼儿真正的习得，这在皮亚杰的语言发展和幼儿智力发展的研究当中得以证明。从这个角度我们大胆地假设：幼儿在多种语言并存的环境当中学习，如果每个幼儿都能掌握多种语言，就能有不同的思维模式，会从不同的角度分析看待问题，大大提高了幼儿的智力水平。所以，在课堂中我们以普通话教学为主，在日常的其他活动中允许多种语言并存，鼓励多个语种的交流。

2. 创设互动式环境，突现幼儿园浓郁的乡土文化气息

"环境是重要的教育资源，应通过环境的创设和利用，促进幼儿的发展。"在创设乡土文化的环境时，我们精心构思，把乡土文化融入到幼儿园的整个大环境中，使整个环境和谐统一。创设随时随处会说话的环境，营造童话般学习与生活的世界。优美的"诗词墙"让幼儿有一股欣赏、诵读的欲望；缤纷的"动植物世界"给幼儿提供了说不完的素材；温馨的"亲子读书廊"更为家长和幼儿提供了一起亲子活动的机会，父母讲故事给幼儿听或幼儿讲故事给父母听，满足幼儿听、说、读的愿望；在楼梯转角处，我们设计一系列开放式、材料自助式的"楼梯景点文化"，每段楼梯都有独立的文化主题，同时各段楼梯的内容又相辅相成，无声地向大家展示着浓浓的本土文化气息。在这里，幼儿可以三三两两地挑选感兴趣的区域，也可以和爸爸妈妈一起同乐。

主题一："设计吧"。隆都的红木家具雕刻、牛仔制衣和休闲服装享誉海内外，我们创设了"设计吧"，里面投放各种服饰图案和红木家具雕刻图片的书籍及设计工具，让幼儿在这里欣赏美丽的服饰、红木雕刻图片，大胆动手设计美丽的服装及红木制品，并互相交流，加深幼儿对家乡经济产物的认识，培养幼儿大胆设计和热爱家乡的情感。

主题二："美丽风景线"。我们将当地有名的旅游景点及民俗风情、文物古迹、民间艺术图片展示出来，供幼儿欣赏、交流、讲述或进行民俗风情情节表演，让幼儿了解身边事物的过去和现在，并鼓励幼儿展望未来、设想未来，从而提高幼儿的欣赏水平、讲述水平和表演水平，提高思维能力。

主题三："我们的祖辈"。通过展示当地名人的图片资料及文字资料，让幼儿在教师和家长的讲述中了解一些名人轶事，并尝试向他人讲述、介绍，培养幼儿热爱家乡人、为家乡人自豪的情感，并提高其讲述能力。

为给幼儿创造一种健康、有效的语言环境，我们特意把幼儿园布置成一个充满知识性、趣味性和故事性的美丽小天地。在幼儿必经的走廊，我们根据节日和季节的变换进行布置。

国庆节前后，我们以国庆节为背景，用多种材料布置"我爱祖国"的主题情境；"九运会"期间，我们以"迎接九运会召开"为主题，用图片、剪报、金牌榜、运动剪影等材料布置情境，让幼儿了解社会、关心社会，并尝试发表自己的观点，从而提高其语言表达能力。我们还以"海底世界""奥妙的天空"为主题，创设了一系列专题的语言大环境。

班级是幼儿学习生活的基本单位，又是幼儿进行语言交流的主要场所。我们在每个班级创设了各种活动区角，让幼儿看一看、玩一玩、说一说。大二班语言区的墙面用泡沫板、硬卡纸、废牛皮纸、图片等材料布置成《小白兔过桥》的故事情境，让幼儿可以边看边说边表演。在各活动区角，我们制作了图书式、挂钩式、拉插式等多种立体活动的操作材料，投置了布偶、指偶、头饰等材料，让幼儿玩一玩、说一说，达到乐中玩、玩中说的良好效果。

二、寓口语教育于日常活动

美国霍华德·加纳德提出："人的智力包括七种，语言交往能力是第一位的。"3-6岁这个年龄段，随着接触范围的逐渐扩大，在周围生活环境的影响下，幼儿说话和交往的需要日益增强。要把握这一幼儿语言培养的黄金时机，有针对性、有技巧地给予幼儿最恰当地引导。我们清楚地认识到幼儿口语训练不能生搬硬套，要提倡寓教于乐，寓教于日常生活之中，既切合幼儿的身心特点，又能收到形象富于启发性的效果。如幼儿口语日常活动系列——"愉快的一天"，根据"来园、离园""餐前活动""餐后活动""自由活动"和"语言游戏时间"等幼儿一日活动时段，精心设计了既符合幼儿身心发展，又有极强地方特色的"语言活动链"，收到了特别好的效果。

1. 来园、离园

幼儿早上来园时，提醒他们用普通话向老师、同伴问好；每天放学时，用普通话向老师、同伴说再见；就餐时间老师或阿姨给幼儿盛饭盛汤时，要求其用普通话道谢；午休起床请老师、阿姨帮忙穿衣服时，要用普通话说。这样不但学习了一些常用的礼貌用语，还形成了一股亲切、温馨的礼貌之风。

给幼儿一个有趣的晨谈话题。晨间谈话是幼儿园一日活动中过渡性很强的一个环节，具有承上启下的作用。在平时的晨间活动中，其内容多是粗略概括幼儿的前一天表现、复习前一天所教的内容、提出当天的希望等。但久而久之问题就出现了，幼儿觉得这些内容很乏味，注意力就不集中了。晨间谈话如何才有趣呢？在实践中，我体会到晨谈话题应是贴近幼儿生活经验或被他们关注的内容。记得"三八"节那天，老师组织幼儿每人做了一朵大红花，让他们把花送给自己的妈妈。第二天早上，我在班上进行了主题为"妈妈得到礼物时的表现"的晨谈，小朋友都争着站起来说。有的幼儿说："妈妈的脸红通通的，像个苹果。"有的说："妈妈很高兴地抱住了我，亲我。"这样即使我们了解了幼儿的送花行动是否落实，又是"爱妈妈"活动的延续。特别是刚开学班里来了新朋友的时候，"我们的新朋友"就成了晨谈话题。我们通过"介绍新朋友"等活动，引导幼儿认识新伙伴。幼儿对此兴趣很高，既满足了幼儿的好奇心，又活跃了气氛，减轻了新朋友对新环境的陌生感。找到切合幼儿生活和兴趣的话题，既能激发幼儿的谈话欲望，又能收到较好的教育效果，也相应提高了幼儿的口语表达能力。

2. 餐前活动

餐前活动时可进行有目的、有计划的系统性口语训练。第一阶段用图片或实物让幼儿学习名词，例如出示实物苹果，让幼儿学说名词"苹果"；第二阶段让幼儿学说简单句，例如"这是苹果""这是一个苹果"；第三阶段让幼儿学习添加修饰词，例如"这是大大的苹果""这是红通通的苹果""这是圆圆的大苹果"。餐前活动时间还可穿插谈话等多种活动，让幼儿说说"昨晚干了什么""在来幼儿园的路上看到了什么""星期天去了什么地方""家里有谁"……或者让幼儿听一段故事，然后进行故事中的角色扮演等。

3. 餐后活动

餐后的自由结伴小组活动是轻松的自由交往时间，这个时候最适合个别指导。在活动时，教师主动用普通话参与到幼儿的交谈中，走过去，轻轻地蹲在他（她）身旁，问："小朋友，你在干什么？"也许有的幼儿不知该怎么答，也许有的幼儿会说"搭积木"，也许有的幼儿会说"我在搭积木"，教师可有目的地拓展幼儿的谈话内容。对于不正确的语音、语调、词汇、句式等，教师要及时给予纠正，对于说得好和大胆说普通话的幼儿要及时给予表扬。同时，我们鼓励普通话表达能力强、大胆的幼儿主动用普通话和其他幼儿交谈。

4. 自由活动

自由活动时间，幼儿可到认字区认字，可以到数字卡前数数，可以三五成群地聊天，可以玩玩具……在这个时候，教师不要求他们一定要使用普通话。教师就像个大孩子，东窜窜、西瞧瞧，有时用普通话和他们"打电话"，有时用普通话向他们"买东西"。幼儿都爱模仿，听到老师用普通话说，他们也又好奇又兴奋地用普通话说，甚至和其他幼儿说。在自由活动时间，教师应经常带幼儿到其他班去表演，让他们用普通话介绍自己是哪个班的、叫什么名字，或者表演儿歌、讲故事。这样激起幼儿学说普通话的兴趣，提高了幼儿普通话的水平，更加训练了表演技能和胆量。

5. 语言游戏时间

在语言游戏的时间里，我们组织听说游戏、角色表演、看图说句子、自由编故事等丰富多彩的活动，以提高幼儿听说普通话的能力。

在自由活动时间里，幼儿总爱三三两两地边拿着玩具摆弄边讲故事，然后高高兴兴地跑来告诉我说："老师，我编了一个《小熊和大灰狼的故事》。""老师，我编了一个《瓶子和小鸟的故事》。""老师，我和小朋友一起编了三个故事。"幼儿可以互相讲自己编的故事，教师巡回听，也可以请个别幼儿在集体面前讲。

虽然不是每个幼儿都能编得很好，也不是每个幼儿都能用普通话流利地讲述。但是对于他们来说，能按自己的意愿编出好玩的故事是开心的，能编出一个美妙的故事是自信的，能和老师、同伴分享自己编的故事是快乐的。

为了更充分发掘幼儿在语言交往方面的潜能，培养幼儿之间的语言表达与人际交往能力，近年来我园开展了幼儿直播室活动，为幼儿创设一个语言交流、文艺表演的交往小舞台。

（1）活动形式的多样化。在直播室活动中，为了吸引幼儿的兴趣，不单单有节目的表演，还精心设计了共同游戏、个人自由表演等形式来丰富活动的内容。如在幼儿表演完节目后，我们安排一个个轻松好玩的游戏："捉蝴蝶""踩气球"等，使紧张之余又有轻松、欢乐的时间。又如在活动时的休息时刻，可让幼儿自由上前表演，充分发挥幼儿的主动性。一位名叫景斌的小朋友，平时的学习并不是那么出色，可是他唱的一首《大西瓜》把电视上歌手的台风、说话方式模仿得淋漓尽致，幼儿和老师都笑出了眼泪，大家拼命鼓掌，把活动的气氛带到了最高点。幼儿的模仿能力是不容忽视的，我们从个人表演中找到了不少"小天才"。

（2）表演节目的多元化。幼儿以前表演的节目非常呆板，往往是排成几排念儿歌、唱歌、讲故事，从头到尾形式十分单一、十分枯燥。为此，我们在每一次直播室活动后都进行总结、探讨。现在的节目形式有了很大的变化。例如，中班的诗歌《月亮》，幼儿站成阶梯形，引用了音乐中轮唱的方式进行表演，一人一句轮着念，跳出了齐背诵的传统模式，悦耳的声音配上优美的动作，既新颖又吸引了小观众们的注意；大班的故事表演《离群的小鸭》设计了柳树、池塘的背景，幼儿穿上各种角色的服装，生动的表情加上绘声绘色的旁白，无论在视觉还是在听觉上都紧紧捉住了小观众们的心，表演十分成功。这些节目形式的改变激发了幼儿的兴趣和表演的欲望，让更多幼儿积极、踊跃地参加表演。

（3）幼儿参与的全员化。直播室是幼儿一展所长的舞台，我们坚持让每一名幼儿都有机会踏上这个舞台来表现自己。直播室的节目全是由幼儿参加表演的，在选人、培训小司仪方面，我们争取做到让每一个幼儿都有参加表演的机会。我们还特意开展了小司仪兴趣活动，让幼儿从不敢上台、说话结巴锻炼成自信、大方、口齿伶俐的小司仪。

经过我们的努力，直播室活动已经成为幼儿日常生活中不可缺少的一部分。在以后的日子里，我们会更加努力地探讨、开展直播室活动，把直播室活动变成幼儿展现自我风采的舞台。

三、遵循语言教育规律，进行目标化、程序化、规范化语言训练

1. 引导幼儿学会听

听是幼儿发展的关键一步，能帮助幼儿建立起语言发展的"语感"。与幼儿多交谈、多说话，让幼儿多听故事、儿歌，多"听"电视，帮助幼儿从丰富的"听"中感受语言。当幼儿能听懂语言后，逐渐引导其学会听语音语调的变化。丰富的语调、音韵是激发幼儿语言兴趣的魔力。电视中朗朗上口的广告词、妙趣横生的画外音、故事中的生动对话等都能给幼儿带来"听"的享受。在不断地倾听中，某些语音语调、音韵都会留在幼儿的脑海中，优美精彩的语言为幼儿的说奠定良好的基础。

2. 引导幼儿学会说

模仿是学习的基础，应让幼儿在模仿中学习语言。幼儿有强烈的学话动机，所以许多模仿都是自发的。经常给幼儿播放故事录音，让幼儿模仿角色的对话，模仿故事中的语音语调；经常给幼儿听儿歌、散文录音，让幼儿学习有感情的朗诵、讲述。经过一段时间的训练，幼儿的模仿能力有了很大的提高，对儿歌、故事中语言情感的处理也有了很大的提高。当幼儿积累了一定的语言经验和能力时，我们应该鼓励幼儿创造性地使用语言。例如给幼儿一幅图或一些物品，让幼儿根据自己的已有经验创编故事。同样的一幅图或物品，拥有不同经验的幼儿会编出不同的故事情节。只要引导得法、训练得当，每一名幼儿的语言能力都可以在原有的基础上得到进一步发展。

3. 营造自由平等的氛围，让幼儿敢说

在活动前让幼儿主动参与，在没有任何压力和负担的自由平等氛围中发表自己的见解和想法。我们围绕节目进行讨论，在讨论中，幼儿学习了语言，也学会了表达，体验到语言交流的乐趣。在交际中敢于发表自己的意见，为培养语言能力走出了第一步。如在小一班，我以商议性的方式和吸引性的话题引起幼儿的兴趣："小朋友，'六一'节快到了，你们喜欢过'六一'节吗？为什么？今年我们表演什么好？"幼儿听到后，七嘴八舌地讨论开了。有的说："老师，我们表演唱歌吧。"立刻就有幼儿说："不好，我们表演跳舞吧。"

对于幼儿的发言，我并没有马上表态，而是以微笑鼓励他们继续讲下去，尽情地发表自己的想法。这样，幼儿的语言表达欲望被强烈地激起，他们纷纷要表现自己，课室里充满了幼儿激烈的讨论声。有的说："老师，我们演三只小羊。"有的说："我们演拔萝卜。"

4. 运用形象具体的语言，使幼儿能说

时装表演活动中不仅为幼儿提供了表演的机会，而且还为幼儿创造了学习语言的机会。在训练中，语言传达是最直接、最便捷的方法。幼儿表演每一个动作都要教师用语言解释，如抬头、挺胸、腰挺直、表情等。幼儿在表演中学习了语言，也理解了词意。其中，我还运用VCD生动形象的画面吸引幼儿，更激发了幼儿说话的愿望，有意识地让幼儿观看儿童时装表演，通过讨论模特的走路姿态、停顿的姿势、面部表情等，让幼儿发表意见、交流经验，同时也纠正自己的做法，锻炼良好的形体，表现更出色。VCD的结合让幼儿充分享受表演的艺术，同时潜移默化地接受有关语言方面的知识，能够清楚地表达出自己对表演的认识和见解，发挥形象的思维能力，将所见到的具体形象转化为语言表达出来，与其他人进行交流和沟通。在这种交流和沟通的过程中，幼儿的语言能力在无形中得到发展，有了进一步加强。

5. 以兴趣为载体，诱幼儿想说

通过"六一"激发幼儿的兴趣，升华幼儿的语言潜能，并以兴趣为纽带，以兴趣为载体，正确引导幼儿，使幼儿有说的欲望。现在，幼儿对我所提出的活动都极易产生兴趣，积极参与讨论，都想发表自己的意见和建议，内心萌发跃跃欲试的冲动。如"我喜欢的小动物"，幼儿都有自己喜欢的小动物，当我提出："你最喜欢的小动物是哪一个？"幼儿听后争先恐后地举手发言。"老师，我喜欢小兔，因为它可爱。""老师，我喜欢小狗。"同伴间互相交流动物的模样、喜好和生活习惯等，同时交流养小动物的心得和爱护小动物方法等。幼儿表现极为兴奋，在愉快的氛围中把所想所知用语言表达出来，为情感的交流提供了机会。又如"快乐的生日会"，生日是幼儿最开心的日子，每个幼儿的心中都梦想有一个美好的生日会。让幼儿说一说自己的生日日期，体现母亲生育的伟大、说一说生日愿望、说一说长大后的理想、与朋友分享最开心的生日趣事、自制礼物，开简单的庆祝会等，开展一系列活动。幼儿的兴趣随着活动逐渐高涨，参与的积极性大大加强，培养了幼儿语言的能力，激发幼儿的想象力和创造力。

6. 启发幼儿创新意识

在当前教育改革的新形势下，从小培养幼儿勤于思考、勇于探索、敢于创新的品质是时代给教育提出的新任务、新要求。那么，怎样才能在语言教学活动中为更开放的锤炼提供条件呢？如"仿编诗歌——吹泡泡"，可以让幼儿举一反三，开放创作。幼儿的诗句让我们为之感动："太阳是天空的泡泡""露珠是树叶的泡泡""汽车是马路的泡泡""轮船是大海的泡泡"……幼儿展开想象的翅膀，把天真烂漫的想象融于自己的语言表达中，创编出一句句优美的诗句，这些诗句沁人心脾，极富有创造性。除此之外，还可以把语言环境开放到课堂以外，和家长配合，利用双休日、节假日，让家长带幼儿到大自然中去，到多姿多彩的社会中，去散步、去旅游，让他们多看、多听、多说。著名儿童教育家陈鹤琴曾主张："父母要带孩童到大自然、大社会中去，让孩童扩大视野，增强经验，发展丰富的观察力、想象力和创造力，让孩子会看、会说、会想。"可见，更开放的语言锤炼启发幼儿的创新意识，幼儿细小的心田将饱含着无穷无尽的潜力。

在游戏中，加强幼儿交往语言的实践。游戏是幼儿一项快乐而自由的实践活动，在游戏中，幼儿可以更自由地支配自己的行动和语言。如角色扮演游戏，在开始时确定游戏的主题、场地、材料的选择、角色的分配等，都需要幼儿陈述自己的观点，倾听同伴的意见。随着游戏的展开，逐步统一玩法和展开游戏的情节。在"娃娃餐厅""壹加壹超级商场""医院""娃娃家""大涌市场"等游戏中，让幼儿通过各种角色的扮演，自编自导游戏情节，必会产生与人、事打交道的现象，例如借玩具和工具、给娃娃过生日、生病看医生、买菜、打电话、请求帮助等。在游戏中，幼儿能更自由地运用语言与他人交流。

无论是幼儿之间日常生活语言的交流还是角色之间的对话，都反映出语言的对答、应变、协调能力得到了很大锻炼。如在"娃娃家"游戏中，如果扮演妈妈的幼儿对同伴态度不好，同伴就会提出抗议："妈妈说话是轻轻地，很好听的。"一方面，她知道自己不是妈妈；另一方面，她必须改变自己的语言输出方式，尽力模仿"妈妈"说话的口气，操持"家务"，照料"孩子"，并与周围的人交往，这样就比较自然地学会了交往语言。反过来，语言表达和交往的成功又会大大地调动幼儿学习和使用语言的积极性。像那些在交往活动中语言表达有问题的幼儿，在游戏中往往能轻松自如、毫无压力地与人交谈，口吃、怯场等现象也大大地减少了。因此，我们应多运用游戏的形式来提高幼儿的口语表达能力，让幼儿更自由、更轻松地说、听、看、想。

让幼儿有话愿说、有话敢说。而轻松无压力的语言环境是调动幼儿说的内部动机的必要条件，体现了师生间心灵上的沟通和关系上的平等，体现了对幼儿人格的尊重，更民主地调动了幼儿学习语言的积极性及主动性。那么，如何民主地调动呢？其外部因素就是教师的平等参与和良好的态度。教师经常参与幼儿间平等的对话，可以使幼儿感受到教师对自己的关注，增强幼儿相互间的情感联系，激发和强化幼儿说出愿望。例如，在组织幼儿的一日活动中，教师利用与幼儿接触的一切时机，"蹲下来"与幼儿交谈；在进餐时，教师提出："我喜欢吃××，你们最喜欢吃什么呀？"幼儿可以说喜欢吃什么，也可以说不喜欢吃什么，教师不能阻止幼儿说出"不喜欢"，而应在事后加以引导；还可以让幼儿说一说今天的早餐、午餐、午点吃的什么，味道怎样等。这样在交谈中建立感情，使他们无拘无束，有话愿意说。为此，教师在与幼儿相处时应该成为他们的朋友，尊重他们，并为他们创造自主表达与自由表现的机会，使他们在民主、自由的气氛中有话愿说、有话敢说，成为主动的学习者和建构者，而非被动的接受者。

总之，让幼儿得到更开放、更自由、更民主的语言锤炼，不仅能够发展幼儿的语言水平，提高口语表达能力，还为他们今后学习书面语言奠定了良好的基础，也为他们探索世界、与人交流提供了很好的工具。

四、融会贯通——语言活动科学整合的探索

幼儿生活的各种活动，如游戏、音乐、认知、美术等绝非各自为政、毫不相干的个体。在语言教学活动的设计与实施中，应强调均衡与统一发展，将语言活动与其他学科领域科学地整合起来。

1. 以语言领域为主线，把各学科融为一体

"以语言领域为主线，把各学科融为一体，整合各领域"是指在培养幼

儿口语能力的过程中，选定一个语言教材为主线，并根据主线设计活动，在过程中涵盖其他领域的知识内容。以"有趣的反义词"为例，在活动过程中采用综合教学的方法，让幼儿充分发挥各种感官的作用，学习多组反义词。如甜—苦、长—短、高—低，等等。通过这样的语言活动，不仅丰富了反义词汇，还发展了幼儿的口语表达能力、倾听能力、观察和判断的能力，并从中获得科学领域的有关知识。如简单的浮沉原理、有关数学概念的长短、厚薄等。同时，鼓励幼儿以口头讲述、创编舞蹈动作、绘画等方式表达自己对有关字词的理解与感受，使得教学活动不再是枯燥的听、说教学了。在语言教学活动中，我们开展各种类型的教学实验活动，采取多种形式培养幼儿的口语表达能力。如在大班的语言教学活动中，教师让幼儿自由摆弄字卡，拼成词组，并运用词组说一句话，看谁拼的字最多、看谁组的词最多、看谁说的句子最完整；在小班，教师引导幼儿多种"小小玩具店"的活动，让幼儿在买卖的游戏中学说话。

灵活运用各种方法和手段，开创语言学习的良好途径。教学过程是一个互相渗透的过程，如何把其他学科中好的方法迁移到语言教学活动中，让它更有效地为语言课服务，更能促进幼儿的口语发展呢？在中班诗歌《捉蜻蜓》的仿编活动中，我们借用音乐教学活动中打击乐的图谱表示诗歌的结构，引导幼儿理解，并学习仿编。活动中发现，这种运用形式使诗歌的结构更清晰，幼儿更容易理解，仿编时也轻松多了。在大班学习反义词的教学活动中，运用了常识教学法中的闻、尝、触摸等方法，运用多感官的方法学习香—臭、苦—甜、轻—重等反义词。

在故事教学中，我们重视给幼儿创造宽松的环境，让幼儿扮演角色进行表演，在玩中进入角色，进而正确理解故事。在中班诗歌《可爱的小动物》的教学活动中，我们采用了手影游戏的形式，让幼儿在玩手影游戏中学习诗歌、表演诗歌，让幼儿边玩手影游戏边学习仿编诗歌，整个活动新奇有趣，幼儿学习兴趣很高。

2. 以其他领域为基础，有机渗透语言教育内容

词汇是幼儿语言的素材，是建筑语言大厦的砖瓦。如何改变传统硬灌词汇的教学模式呢？我尝试运用了科学领域中的感官认识教学法，让幼儿在视、听、嗅、触、尝等感官活动中主动、积极、创造性地学习词汇。例如，通过眼

看皮球大小、鼻嗅墨汁或香水气味、嘴尝苦瓜或糖的味道、手摸书本的厚薄、耳听琴音的高低，启发幼儿联系身边熟悉的事物，说出反义词、形容词、动词等词汇，近似游戏的一系列感官认知活动激起了幼儿参与学习活动的热情与积极性。此外，课后我还自编了多个练习词汇的竞赛游戏。例如"你说我答"，一方说出一个词，另一方回答相反或相对的词；又如"你说我做"，一方做出一个动作，另一方做出相反或相对的动作，并说出词组（向上拍手——向下拍手）。这种带有竞争性的游戏符合幼儿争强好胜的特点，人人动手、动脑、动嘴，让每一位幼儿都有学习、练习的机会。

在有趣多变的实验探索活动中快乐地学说话。许多常规的幼儿谈话活动形式呆板、枯燥，幼儿不感兴趣。根据大班幼儿思维发展的特点及掌握语言的规律，我尝试在科学天地的实验操作活动中开展主题型谈话活动，让幼儿边探索边玩边学说话。例如围绕浅显的科学小知识"沉浮""力的震动"等，设计有关的谈话主题"我的发现"。首先，由教师或师生共同收集操作实验的材料，然后让幼儿进行探索活动，最后开展集体性的讨论、总结，让每一位幼儿用自己的语言总结、讲述实验中的发现。在反复、有趣、自由的探索活动中，能使不同水平、不同能力的幼儿在自己的探索过程中学习表现、表达，并不断提高。幼儿在第一次操作后只会简单地描述，如"我发现石头是沉的，树叶是浮的。"而反复实验后，幼儿却能滔滔不绝地说出许多丰富且精彩的语句，能力强的还会恰当地运用一些修饰词。例如邓玮玮说："我在大树底下捡到一片很美丽的花瓣，把它放在水面上，飘着、飘着，很像一只快乐的小船在开。"李慧仪说："我在绿绿的草地上捡到一片树叶，它像一只漂亮的蝴蝶，把它放在水里，是浮起来的。"

日常中幼儿接触的语言教学都是以故事、诗歌、讲述为多，接触不同类型优秀文学作品的机会就显得单一。为此，我在语言教学活动中大胆借鉴艺术领域的教学手段，以帮助幼儿轻松地领略语言丰富和优美的特性。

首先，在散文欣赏教学活动中展开实践，让幼儿通过创编舞蹈动作、作画等艺术形式，表达其对语言作品意境的理解。例如欣赏散文《花树》，让幼儿边欣赏配乐朗诵边用舞蹈动作表演动物打扮大树的动作及方式。同时，在美术活动完毕后，再让幼儿根据自己的作品编述简短的故事。

其次，在诗歌仿编教学中，采用打击乐的图谱教学模式，帮助幼儿记忆、理解，并根据原诗歌结构创编，以激发幼儿仿编的兴趣。

把语言教学融进艺术活动中，加强师生间的互动关系，更好地调动幼儿学习的积极性。让幼儿成为学习的主人，为沉闷的语言教学带来无限的生机，为幼儿学习不同类型的文学作品打开了新局面。

如社会领域的"新年的祝愿""我的家"；科学领域的"会变的颜色""水"；艺术领域中美术"贺卡""小鸟的一家"；音乐欣赏"挪威舞曲"等，均可选为教学主线。根据教学主线设计活动，过程中涵盖语言与其他领域的知识内容。总之，画与话、做与说、看与讲、听与讲的结合是促进幼儿思维发展和语言表达能力提高的良好途径。幼儿在这片广阔自由的天地中去画、去说、去做、去讲，既看又言，充分表达自己的思想、情感，语言表达能力得到有效的发展和提高。

3. 在个别专题活动中融入语言训练

个别的活动有时是整合各领域、发挥语言优势的良好机会，可以强化幼儿在健康、社会、语言、科学、艺术等各领域、各发展层面的概念获取与发展，如"我想去的地方""天气预报""小记者""午餐解说员""幼儿播音室"等活动就是这样一个强有力的整合活动。以"天气预报"为例，从观察准备、报道记录到讨论评价，涉及了语言、科学、美工等方面的学习。社会方面：先从电视上了解怎样做一名天气预报的主持人；语言方面：该如何当主持，该说什么、怎样说、如何讨论评价；自然方面：细心观察每天的自然现象、天气变化；美术方面：以作画的形式记录天气情况，在发展幼儿绘画技能的同时丰富其想象力。整个活动整合了语言与其他领域的知识和技能，让幼儿在热烈的实际活动中理解、运用语言，在游戏、比赛中学习语言。

通过实践，幼儿的口语能力得到很大的提高，语言表达连贯了，思维也活跃了。幼儿期是语言发展的最佳期，只要我们把握每个幼儿的实际，掌握幼儿学习语言的规律，有计划地进行培养和训练，幼儿的语言一定会得以发展和提高。

五、开展丰富的活动，塑造幼儿的语言生命

1. 走出去，请进来

只有让幼儿亲眼看到、亲耳听到的东西，才能充分感受到它的魅力。因此，在让幼儿了解本土文化时，带领幼儿走进社区参观游览，让他们身临其境，留下永久的记忆。例如在"我是大涌小公民"的主题活动中，带领幼儿参观了石板街、隆都民俗馆等，引导他们用各种方式表达自己对这些古文化的认识和理解，鼓励幼儿用画画、文字记录等多种形式留下了它们的容貌。同时，我们还让幼儿和文人对话，进一步满足幼儿的好奇心，丰富他们的知识面。

我们收集到的本土文化资源大多是以故事、诗歌的形式呈现的，如何吸引幼儿仔细倾听这些故事，让他们读诗歌能读出意境、听起来有韵味？我们不仅让教师来讲故事、读诗歌，还让家长来讲，吸引幼儿的兴趣。

2. 将本土文化资源融入课堂

我们将本土文化资源还原成画、成像、成乐，在课堂中通过多种途径培养幼儿的语言能力，塑造幼儿的语言生命。例如将自然景观图片、VCD光盘搬进课堂时，我们可以在语言活动中引导幼儿有序观察、有条理地描述及自我创编，可以在美术活动中引导幼儿欣赏、绘画、设计；将民间艺术搬进课堂时，我们可以在语言活动中引导幼儿谈话，可以在美术活动中引导幼儿欣赏、绘画，可以在健康活动中玩民间游戏，也可在音乐活动中引导幼儿唱歌、舞蹈……让幼儿在快乐中了解本土文化，在宽松愉悦的环境中健康成长！

3. 语言特色活动的开展

在课堂的集体活动之外，我们还设立"小记者站""小导游""小小演讲家""小司仪""故事家""小品、儿童剧""小小创编家""快乐一刻'直播室'"等语言特色活动，丰富幼儿的语言活动，提高幼儿的语言素质。我们在每天下午安排固定的时段，开展"小记者站""小导游""小小演讲家""小司仪""故事家""小品、儿童剧""小小创编家"等活动。幼儿园有重大活动时，我们会让"小记者"去采访；有来宾时，我们的"小导游"会为他们讲解……每个月，我们以年级组为单位，以全园参加、家园联欢等形式开展"快乐一刻'直播室'"活动，为幼儿提供展示自己的平台，让幼儿在此

自由、快乐地表现自己!

4. 亲子活动的开展

我们围绕主题活动开展了丰富多彩的亲子活动。例如在"民间游戏串串烧"的主题活动中,我们请家长和幼儿一起制作民间游戏的玩具,如榄核等。然后邀请家长来园教幼儿玩各种民间游戏。操场上,家长们拿起了久违的玩具,迫不及待地玩起了儿时的游戏,幼儿在一旁不断拍手喊"加油"。家长的表演激发了幼儿强烈的游戏愿望,于是幼儿也纷纷加入游戏。我们还通过家长问卷了解家长的特长,然后有目的地请能力强的家长来教幼儿玩不同的游戏。比如有些妈妈擅长玩沙包,我们就请她们进行花样沙包表演,然后再教幼儿玩各种玩法;爸爸们都显得比较刚毅,于是就让他们教幼儿玩一些富有挑战性的游戏。例如在"服装设计大赛"中,我们组织幼儿设计服装,联系开制衣厂的家长帮忙把幼儿设计的服饰做成成衣,然后举办"时装表演",邀请家长、社区群众观看。在举办时装表演时,我们还培训小司仪、小记者、服装设计讲解员等,让幼儿在尽情地玩耍的同时提高语言能力、应变能力等,促进幼儿语言素质的发展。亲子活动不但大大提高幼儿参与活动的兴趣,家长的智慧也在影响着幼儿的发展。

总之,我们将不断探索如何充分发挥乡土文化的魅力,让本土文化走进幼儿心中,并通过充分利用本土文化资源塑造幼儿的语言生命,真正促进幼儿的全面和谐发展。

六、地方童谣传唱活动中的选编与运用策略

童谣是一代代人口耳相传,在幼儿口中广为传唱的,带有浓厚的地方特色,诙谐幽默、音节和谐、形式简短,读来朗朗上口的歌谣。隆都童谣流传于隆都地区,幼儿从小就会受到隆都童谣的影响。隆都地区有着悠久独特的人文色彩和深厚的文化底蕴,隆都童谣自身存在的价值和内涵是不可多得的教育资源。挖掘民间童谣的文化性与教育性不仅可以促进民间文化的继承和发展,而且可以丰富幼儿园的教育内容,激发幼儿对传统文化的兴趣,体验传统民谣本身的旋律美,感受优秀传统民间文化的艺术魅力。基于此,我们开展了一系列本土童谣传唱活动,对童谣的选编与运用策略实践研究,为幼儿打造一个认

识、学习、传承本地文化的美丽桥梁，培养幼儿良好行为习惯的养成、语言能力与社会性的发展、认知能力与心智的培养，以及热爱家乡、认同家乡传统文化的美好情感。

1. 精选适合幼儿的地方童谣

地方童谣凭其独特的魅力，深受幼儿喜欢。但是地方童谣要取得良好的教育效果，必须在编选童谣的源头把好关，选编地方童谣要符合趣味性、有效性和健康性的原则。

（1）趣味性原则。兴趣是幼儿学习的主要动力，尊重幼儿身心发展特点，从兴趣出发，充分考虑幼儿的接受能力与认知发展水平，选择结构简单、内容单纯、语言富有稚气或较浓厚幻想的童谣。这些童谣是折射幼儿心灵的一面镜子，是他们对这个世界最直观、最朴素的认知，所以在选择教学童谣时要尊重幼儿的个性特点，关注幼儿兴趣。

（2）有效性原则。有效性指内容健康、不能过多地影响词汇和句子的语音语调。不同地区的民俗特点与语言特色造就了不同风格的民间童谣，选择童谣时尽量选择土生土长的童谣，充分挖掘反映当地人民生活方式与环境特点的童谣，这样幼儿较易理解与接受，并能更深刻地了解当地的风土人情。

（3）健康性原则。民间童谣在历史的长期发展过程中虽然保留了传统文化中的精华，但也可能留下了一些不适应新时代、不利于幼儿健康成长的成分，因此要取其精华、去其糟粕。优秀的民间童谣贴近幼儿生活，并表现出健康的思想、积极的生活态度、美好的愿望和为幼儿所喜闻乐见的特点。对于那些不利于儿童身心发展的童谣，要加以科学地创新与改编。

2. 创编适合幼儿的新童谣

（1）旧曲套新词。借助旧童谣和网络中完整或部分节奏，创新性搭配符合需要的歌词、句子。大多数地方童谣是一代代前辈们口耳相传留下来的，我们要在收集来的地方童谣的基础上创新改编，在原有基础上取精去糟，更能反映当代幼儿的风貌和情思，体现强烈的时代感。例如，保留《点兵兵》这首旧童谣的节奏，改编歌词为"年廿八，洗邋遢，家家户户大扫除。来辞旧，来迎新，干干净净迎新年"的新童谣《隆都娃迎新年》，以此来引导幼儿了解当地节日习俗，从小养成良好的生活卫生习惯。

（2）剪切整合。剪切旧童谣或其他歌曲中伴奏部分可以用上的地方，根据歌词需要重新整合出新的童谣伴奏。例如旧童谣《摇嘻嘻》，利用剪切整合的方法保留原来的歌词和伴奏，剪切一段其他歌曲中的伴奏部分，重新整合成有强烈时代感的新童谣。

（3）加拟声词，重复某词、某句等。歌词虽已基本确定，但在伴奏时可以适当做一些调整。比如创编《隆都娃迎新年》童谣，增加"洗邋遢咯～洗邋遢咯～"和"我擦，我擦，我擦擦擦，啊擦擦擦，啊喷喷喷"等拟声词，更利于传唱。

七、探索地方童谣传唱活动有效策略

1. 创设富有隆都传统文化特色的童谣传唱环境

创设童谣传唱活动中富有隆都文化的活动环境，让幼儿在潜移默化当中了解、关注、传承童谣。在教室之外的活动区、走廊墙面上展示幼儿自主创编的童谣或童谣绘画作品，为其营造浓厚的文化氛围。

2. 开展地方童谣各类主题活动

（1）节日活动。可以在活动过程中教给幼儿关于节日的民谣，便于幼儿潜移默化地了解中国传统节日的民间风俗与习惯，便于民间习俗的继承发扬。例如《新年到》："年初一，早早起，刷牙洗脸穿新衣。贴春联，挂灯笼，家家户户过年红。邻居家，点鞭炮，噼里啪啦噼啪啦。舞龙狮，敲锣鼓，咚锵咚锵咚咚锵。新年好，新年好，爷爷奶奶身体好。新年好，新年好，爸爸妈妈身体好。炸煎堆，蒸年糕，全家团圆乐呵呵。"

（2）表演活动。通过教学即席创编童谣，培养幼儿的创新能力，提高幼儿的思维能力和理解、运用能力。通过同桌、小组等组合形式合作完成童谣的演唱和创编活动，提高幼儿的团结协作能力，增强他们的交往能力；通过唱唱跳跳、写写画画等形式，培养幼儿的协调能力，发展幼儿的多元智能；通过闪唱等形式，在快乐地吟唱中巩固知识，温故而知新，激发幼儿的学习兴趣。童谣与舞蹈融合在一起，实现地方童谣与其他歌舞活动之间自然实质的融合；童谣与动作相结合，提供给幼儿表演的舞台；童谣与多媒体相结合、与画画相结合，让幼儿直观地理解童谣。

（3）游戏活动。游戏对于幼儿不仅仅是"好玩"或娱乐，更重要的是幼儿在游戏中可以获得影响与控制环境的能力，建立起对自己的信心。在开展地方童谣活动时，要多鼓励幼儿自主选择，尊重个体差异，让他们自由地吟唱，调动幼儿学习童谣的积极性。通过游戏化、生活化的方式引领幼儿学习家乡文化的同时，丰富幼儿的社会生活经验，发展幼儿的社会认知能力，培养幼儿的民族自豪感，让本土文化厚实幼儿的素养，促进幼儿对家乡文化的认同感。

（4）亲子活动。开展亲子活动，如"地方童谣大赛"，邀请家长来园参加，在家长的配合下共同创作童谣，可以运用唱歌、跳舞、绘画、表演多种表现形式展开。家长参与地方童谣活动，不仅提高幼儿学习民间童谣的积极性，感受成功的喜悦，而且能增进亲子感情。

八、不要让方言成为遗产

咸水歌、云龙等在我们的日常生活中已不再常见，因此有识之士奔走呼吁，将它们确立为被保护的文化遗产对象。但是在我们抢救这些遗产的同时，另一些宝贵的文化遗产却在不知不觉中渐行渐远，当中就有你我经常挂在口头的方言。

语言除了好听，更重要的还是一个地区的文化载体之一。新中国成立以来，国家一直推广普通话，但这种推广从来都不是以"消灭"各地方言为前提的。因此，我们才能有机会欣赏到《白云黑土》《疯狂的石头》以及众多的港产片等有着浓郁地方特色的艺术品。

我们的同事来自五湖四海，平时大家都讲普通话，可打电话回老家时讲的大都是方言，那温柔的语气让即使听不懂的旁观者也能感受到浓浓的赤子情。谁说方言老土？谁说方言落后？方言，是扎在故土的根；方言，是父母送给我们的乳名；方言，是融入生活的文化。

方言，当我们还在使用的时候不是遗产，但如果每个人都对方言不以为然，一些方言就很有可能成为遗产。近日，大涌镇保护"隆都文化"从幼儿做起，从"隆都话"开始，这就是对方言的主动继承与保护。莫让方言成为遗产，用自身的行动充实文化的积淀，总比濒临时才强留要容易得多。

（摘自2008年4月28日《中山日报》B4版，由《中山日报》评论员陈慧撰稿）

教育实例 隆都话说说说

　　"隆都话"是隆都文化中的一部分。通过生活化的游戏活动，让幼儿学习、模仿隆都人在日常生活中所说的隆都方言，加深幼儿对方言的理解，培养幼儿对学习隆都方言的兴趣，培养他们从小热爱家乡、感恩家乡的美好情感，同时促进幼儿的口语表达能力。因此，我们开展"隆都话说说说"的主题探究活动。

实例1：我家是这样过四月八

一、活动目标

1. 知道四月八是浴佛节，了解浴佛节的来历。

2. 了解隆都人过四月八的习俗。

3. 制作美食，感受节日的氛围。

二、活动准备

1. 过节舞龙、舞狮的图片（用课件展示民俗风情——红红火火过大年）。

2. 舞龙、浴佛、做美食的电子图片。

3. 面粉、馅料。

三、活动过程

（一）舞龙图片导入，引出课题

出示图片，提问：

1. 你们看到了什么？

2. 他们在干什么呢？

3. 你们知道他们为什么要舞龙吗？

（二）了解四月八"浴佛节"的来历和隆都人过四月八的习俗

　　1. 教师讲解四月八"浴佛节"的来历，告诉幼儿每一年的四月八日隆都人也会过"浴佛节"。

　　2. 出示图片（舞龙、浴佛、做美食等），了解隆都人过四月八"浴佛节"都有哪些习俗。提问：

（1）听了老师的讲解，你知道四月八是什么节日？

（2）为什么要过四月八？

（3）隆都人过四月八"浴佛节"会做哪些事情？

（三）开展"制作美食"活动

1. 小结：隆都人过四月八除了舞龙、浴佛，还做美食。今天我们也来制作美食，感受一下隆都人过四月八。

2. 幼儿动手操作。

四、活动反思

目标基本达到，幼儿对制作美食很感兴趣，动手能力很强，有的在做煎堆，有的在做金吒，有的在做角仔，非常投入。隆都人过四月八除了做美食还有很多习俗，比如舞龙。在看舞狮图片的时候，幼儿都表现出好奇、羡慕的神情，我建议把舞龙放在区域活动中让幼儿体验。

实例2：行渡渡

一、活动目标

1. 喜欢隆都童谣，感受童谣的诙谐有趣。

2. 在普通话的基础上学习用隆都话念童谣《行渡渡》，能以恰当的语速有节奏地朗诵童谣。

3. 学习与他人合作进行童谣表演。

二、活动准备

普通话版童谣《行渡渡》、图片

三、活动过程

（一）用普通话朗诵童谣《行渡渡》导入

1. 师：上节课我们学了一首童谣，叫《行渡渡》，还记得吗？咱们一起用好听的声音朗诵一遍吧！

2. 教师带领幼儿打着节拍（拍手）朗诵童谣《行渡渡》，回忆童谣内容。

（二）欣赏隆都童谣《行渡渡》，幼儿学习童谣

1. 师：哇，小朋友们念得可真棒！老师今天带来了一首和我们刚才朗诵的不一样的《行渡渡》，到底是怎么不一样呢？我们一起来听一听。

2. 播放隆都童谣《行渡渡》。提问：

我们现在听的《行渡渡》和之前学的有什么不一样？（之前学的是用普通话朗诵的，现在听的是用隆都话朗诵的）

3. 幼儿跟着教师的节拍，配合拍手方式有节奏地朗诵童谣。

（三）学习与他人合作进行童谣表演

1. 教师和个别幼儿分角色表演。教师扮演"阿婆"，幼儿扮演"买豆腐的"。幼儿朗诵童谣，"阿婆"做相应的动作。

2. 教师和全班幼儿表演。

3. 以小组为单位分角色表演，每组两人，分别扮演童谣中的两个角色。

四、活动资料

《行渡渡》

行行行，行渡渡，

阿婆卖豆腐，卖唔到，

踣踣倒，执个金龟母。

五、活动反思

幼儿初次接触隆都童谣，我首先在课前用普通话教幼儿念，这样幼儿更容易理解童谣中的内容，在此基础上用隆都话学念就更容易学会。在童谣表演环节，幼儿在玩中学得不亦可乎，他们会主动跟合作伙伴要求互换角色："要不你来扮演阿婆，我来念儿歌？""好咧！"这是我在观察幼儿表演活动时常听到的对话。

实例3：白兰花

一、活动目标

1. 感受隆都童谣语言的韵律美，喜欢用隆都话朗诵童谣。

2. 学会用隆都话说牵牛花、月季花、太阳花等几种花的名称。

3. 熟悉童谣韵律，引导幼儿根据原童谣结构进行仿编。

二、活动准备

1. 童谣《白兰花》图谱。

2. 白兰花、牵牛花、月季花、太阳花、玫瑰花图片。

三、活动过程

（一）用白兰花图片导入，认识白兰花

1. 出示白兰花图片。提问：

你认识这是什么花吗？

2. 引导幼儿从花、茎、叶观察白兰花的特征，如花的形状、颜色、叶子等。

3. 小结：白兰花是一种很漂亮的花，花有大小，颜色为白色，是一种惹人喜爱的花。

过渡语：今天老师带来了一首好听的儿歌，儿歌的名字叫"白兰花"，我们一起来听一听。

（二）欣赏童谣《白兰花》，引导幼儿理解童谣内容

1. 教师有节奏地朗诵隆都童谣《白兰花》，幼儿倾听。提问：

（1）童谣的名字叫什么？

（2）这首童谣是用什么话朗诵的？

2. 引导幼儿再次倾听朗诵，理解童谣内容。提问：

你有哪些听不懂的地方？

3. 结合图谱引导幼儿理解儿歌内容。

4. 引导幼儿第三次倾听朗诵，感受隆都童谣语言的韵律美。

5. 引导幼儿看童谣图谱，跟随教师完整朗诵童谣一、两遍。

（三）理解原童谣结构，进行童谣仿编

1. 出示图片：玫瑰花、水仙花、月季花、太阳花，学习用隆都话说这几种花的名称。

师：你能用这些花代替白兰花再朗诵童谣吗？谁来试一试？（请一、两位幼儿）

2. 幼儿仿编儿歌，教师将幼儿依据相应的花仿编的童谣放到图谱相应的地方记录。

师：谁愿意上来分享自己仿编的童谣呢？（请幼儿在集体面前展示自己仿编的童谣）

四、活动资料

《白兰花》

白兰花，夹耳仔，

薯莨绸，背搭仔。

五、活动反思

童谣《白兰花》虽然简短，但是如果不理解内容，幼儿也很难学会。在我第二次朗诵完，问幼儿有哪些听不懂的地方，有幼儿问我："老师，除了白兰花，其他的是什么意思？"所以，接下来的环节我利用图谱和动作让幼儿理解童谣内容，让幼儿看着图谱加上相应的动作来朗诵童谣。

实例4：送给好朋友的礼物

一、活动目标

1. 体验送人礼物的喜悦心情。

2. 初步学习包装盒子的技能，提高手指肌肉动作的灵活性。

3. 引导幼儿学习使用各种材料装饰礼物盒的技能。

二、活动准备

空盒子、礼物、包装纸、各种装饰材料、剪刀、胶布。

三、活动过程

（一）谈话导入，引起兴趣

师：小朋友，你们有收过礼物吗？收过谁送给你的礼物？收到礼物时的心情是怎样的？你们有给好朋友送过礼物吗？今天，我们给自己的好朋友送一份礼物吧，相信你的好朋友肯定会很开心。

（二）教师示范包装礼物，幼儿学习

1. 出示一个装饰好的礼物盒和一个没装饰的礼物盒。

师：这是装礼物的盒子，叫做"礼物盒"。你喜欢哪一个礼物盒？为什么？

2. 教师示范包装礼物盒。

师：老师给你们准备了好多礼物盒，但是都没有包装好，怎样才能让它变漂亮呢？（用有颜色的纸把礼物盒包起来，多出来的纸折一下，用胶布粘住）

3. 装饰礼物盒。

师：这里还有很多的材料，我们一起来打扮礼物盒吧。

（三）交代要求，幼儿操作，教师指导

提醒幼儿注意安全，小心运用剪刀。

（四）练习送礼物

师：请把你的礼物送给好朋友，和他说一说为什么要送他礼物。

四、活动反思

在幼儿的世界里，美可能是一颗星、一片云，也可能是一朵花、一叶草，还可能是一粒纽扣、一条彩带，甚至可能是更加细小、零碎的东西。那么，他们心目中可以称之为"礼物"的东西究竟是什么呢？那个东西又是什么样子？在他们的作品未完成之前，成人永远都猜不到。我抱着担忧和好奇的心情看着幼儿开始制作礼物，他们一边兴奋地拿着材料，一边东张西望和身边的小伙伴议论。我们发现，同一组幼儿的作品会有相似之处，不光是材料的选择，造型上也会出现模仿。同时在活动中我们发现，个别幼儿的动手能力较差，而有些幼儿在这一方面格外突出。

不论是擅长美工还是不擅长，不论作品是美图还是泥塑，也不论作品最终完成与否，只要是幼儿的作品，尊重他们是不变的重要原则。教师应丰富幼儿的想象力和创造力，引导幼儿学会用心灵去感受和发现美，用自己的方式去表现和创造美。

实例5：螃琪琪

一、活动目标

1. 感受隆都童谣的韵律和节奏，体验隆都童谣的诙谐有趣。

2. 初步理解童谣内容，能看图谱朗诵童谣《螃琪琪》。

3. 根据童谣内容大胆做相应的动作。

二、活动准备

螃蟹的图片、《螃琪琪》图谱。

三、活动过程

1. 螃蟹图片导入，引出童谣。

师：今天有位小动物来我们班做客，看看是谁。（出示螃蟹的图片）小螃蟹给我们带来了一首童谣，童谣的名字叫《螃琪琪》，隆都话读"螃琪琪"，就是螃蟹的意思，我们一起来听听童谣《螃琪琪》。

2. 欣赏童谣，初步理解童谣内容，感受童谣的诙谐有趣。

3. 教师有节奏、完整地朗诵童谣，引导幼儿初步感受童谣节奏。

师：童谣的名字叫什么？你听到了什么？

4. 出示图谱，再次完整朗诵童谣，引导幼儿初步理解童谣内容。

5. 启发幼儿借助图谱回忆童谣内容，用童谣的句子回答。

螃琪琪——螃蟹、人卡黎——人客来、某——没、秋卡——树下。

6. 鼓励幼儿给自己最喜欢的句子配上动作。

7. 引导幼儿学习朗诵童谣，感受童谣的韵律和节奏。

8. 通过接龙的方式引导幼儿学习朗诵童谣。

9. 引导幼儿集体、分组学习，有节奏、完整地朗诵童谣，并配上适当的动作。

四、活动资料

《螃琪琪》

螃琪琪，好煲茶。

人卡黎到喊喝茶。

某茶喝，喝茶渣。

某凳坐，坐秋卡。

五、活动反思

诙谐有趣的童谣《螃琪琪》朗朗上口，活动结束后幼儿们都饶有兴趣地念，甚至会加上自己想出来的动作。可以发现在学习童谣的过程中，幼儿好似在玩，又好似在表演，别有情趣。在游戏的同时，培养了幼儿的表演能力，在表演童谣的过程中，幼儿学会了许多有趣的语句，变得更喜欢表达。

实例6：眯一觉

一、活动目标

1. 感受隆都童谣语言的韵律美，喜欢用隆都话朗诵童谣。

2. 理解童谣《眯一觉》的内容，知道要用轻柔的声音朗诵童谣《眯一觉》。

3. 体会童谣中妈妈对宝宝的爱。

二、活动准备

布娃娃、童谣图谱、轻音乐。

三、活动过程

（一）情景导入，激发幼儿欣赏童谣的兴趣

教师抱着布娃娃引入活动。

师：宝宝困了，要睡觉了。"睡一觉"用隆都话怎么说呢？（眯一觉）我念一首好听的童谣，让他很快入睡。

（二）引导幼儿理解童谣内容

1. 教师抱着布娃娃，随着轻柔的音乐朗诵隆都童谣《眯一觉》，幼儿倾听。提问：

（1）童谣的名字叫什么？

（2）这首童谣是用什么话朗诵的？

2. 引导幼儿再次倾听朗诵，理解童谣的主要内容，体会妈妈对宝宝的爱。

师：你有哪些听不懂的地方？

3. 结合图谱引导幼儿理解童谣的内容。

4. 请个别幼儿表演抱娃娃的动作。

5. 完整解释整首童谣的意思。

6. 引导幼儿第三次倾听朗诵，感受隆都童谣语言的韵律美。

师：你最喜欢童谣里的哪一句？为什么？

7. 指导幼儿朗诵童谣。

8. 引导幼儿看童谣图谱，跟随教师完整地朗诵童谣一、两遍。

9. 给幼儿提供一个布娃娃，引导幼儿以妈妈的身份朗诵童谣，哄小宝宝睡觉，提醒幼儿声音要轻柔。

四、活动反思

《眯一觉》是一首体现妈妈爱宝宝的童谣，在活动中引发幼儿回忆妈妈平时爱自己、哄自己睡觉的情景。活动中，幼儿抱着布娃娃轻声念童谣，认真投入的样子就是最好的反映。

实例7：祝福语

一、活动目标

1. 知道隆都不同的喜庆节日有不同的祝福语。

2. 愿意并喜欢用隆都话说"祝××××（身体健康、天天开心等）"。

3. 感受用隆都话说祝福语的乐趣。

二、活动准备

课件（民俗风情：过年、中秋）；春节、中秋节、观音节的图片。

三、活动过程

（一）看视频引入课题，了解是什么节日。

师：你看到画面上的人在做什么？他们互相在说什么？

（幼儿讨论）

（二）教师出示隆都人过节日的图片，让幼儿学习用隆都话说祝福语

1. 教师出示过年的图片，提问：

（1）小朋友，你们看到了什么？

（2）图片上的人都在干什么呢？

（3）过年的时候都会说哪些祝福语呢？（新年快乐、万事如意、恭喜发财、寿比南山、添福添寿等）

（4）用隆都话怎样说呢？

2. 教师出示过中秋节的图片，提问：

（1）小朋友，你们看到了什么？

（2）图片上的人都在干什么呢？

（3）过中秋节的时候都会说哪些祝福语呢？（团团圆圆、合家欢乐）

（4）用隆都话怎样说呢？

3. 教师出示过观音节的图片，提问：

（1）小朋友，你们看到了什么？

（2）图片上的人都在干什么呢？

（3）观音节的时候都会说哪些祝福语呢？（身体健康、学习进步）

（4）用隆都话怎样说呢？

（三）游戏：**看图用隆都话说祝福语**

教师出示过节图片，幼儿随即用隆都话对身边的同伴说出相应的祝福语。

四、活动反思

幼儿对于隆都话并不熟悉，说的也不是很标准，但是他们能在轻松、愉快的环境中学习隆都话，用隆都话说祝福语就已经很棒了。这就是活动的本质，重在感受隆都话的兴趣，愿意并喜欢学习。

隆都童谣：

隆都娃 迎新年

年廿八，洗邋遢，家家户户大扫除。

来辞旧，来迎新，干干净净迎新年。

（洗邋遢咯~洗邋遢咯~）

室内外，屋前后，纸屑杂物都扫净。

拧抹布，擦窗户，往上擦呀往下擦。

拧抹布，擦桌椅，往左擦呀往右擦。

拧抹布，擦地板，往前擦呀往后擦。

大家来，快洗擦，搭档一起擦擦擦。

（我擦，我擦，我擦擦擦，啊擦擦擦，啊喷喷喷。）

年初一，早早起，刷牙洗脸穿新衣。

贴春联，挂灯笼，家家户户过年红。

（拜年咯~拜年咯~）

邻居家，点鞭炮，噼里啪啦噼啪啦。

舞龙狮，敲锣鼓，咚锵咚锵咚咚锵。

新年好，新年好，爷爷奶奶身体好。

新年好，新年好，爸爸妈妈身体好。

炸煎堆，蒸年糕，全家团圆乐呵呵。

（啊哈哈哈，哈哈哈。）

中国年，好热闹，隆都娃娃好开心。

好家风，好传统，一代一代传下去。

白兰花

白兰花，夹耳仔，

薯莨绸，背搭仔。

四月八

三月三，舞扁担；

四月八，舞柴碌；

四月九，舞喃（担）斗。

行渡渡

行行行，行渡渡，

阿婆买豆腐，买唔到，

踣踣倒，执个金龟母。

落大雨

落大雨，水浸街。

亚哥担柴卖，

细佬着花鞋。

木鱼鱼

木鱼鱼，你好走，

隔篱婆仔捉你去锄草。

木鱼鱼，你好杯（飞），

隔篱婆仔捉你去舂灰。

隆都人家——乡土文化资源的幼儿教育开发

"鹤爱香山灵气蕴，渔家艇户结居邻。木筏西迁莆田裔，珠玑南渡客家人。"循着这首隆都鹤歌，开发隆都文化之旅来到大涌这片古老的土地。大涌依托着自己独特的方言，而有了聚合力更强的社会组织形式和独特的民俗文化。隆都华侨带着文化走向世界，又循着文化认祖归宗。隆都传统文化集中体现在民风习俗、历史古迹、特色美食、特色产业等方面。

本课题研究立足于开发及整理农村本土资源，选择其中适合幼儿的教育资源，采用科学的方式将其与幼儿园课程有机融合，不仅可丰富幼儿园课程，使幼儿园课程乡土化、个性化、多样化，也有利于扩展幼儿生活和学习的空间，使幼儿园课程进一步贴近社会现实、贴近生活、贴近大自然，使幼儿在受到情感陶冶的同时增强对社会与自然的感知与了解。所以，开发与利用富有园本特色的幼儿园乡土课程资源有着积极的现实意义。

我们一同了解《依托隆都文化开发幼儿教育资源的研究》课题背后的细节，看看幼儿怎样进行最初的隆都文化启蒙。

一、隆都文化资源的开发与整合

隆都本土文化资源丰富而悠久。从发掘遗址发现，早在5000年前新石器时代这里就已有人居住，靠渔猎生活。出土的文物体现了大涌的历史沉淀丰厚，为课题研究提供了可靠的实物根据。但是，如何搜集、整理和整合，是我们课题启动前必须完成的一项重要工作。于是，我们决定从两方面着手开展。

1. 深入挖掘，整理成册

根据《幼儿园教育指导纲要》（以下简称《纲要》）精神，制定出资源评选细则，通过查阅文献资料，采访长者、文人，走访镇志办、隆都民俗馆、隆都古迹遗址等方式收集了大量原始的隆都传统文化资料，整理编辑为《隆都传统文化集辑》，并按照内容的不同类型分为八个篇章，具体有革命历史篇、名人轶事篇、民间文学篇、民间游戏篇、名胜古迹篇、隆都美食篇、特色产业篇和方言文化篇，每一篇都以图文的形式介绍了各种类型的文化知识。例如，"隆都美食篇"以图文的形式介绍了隆都的特色美食——金吒、角仔、叶仔、芦兜粽、年糕、薯粉、煎堆等制作方法、用料，还记载了多个传统节庆的饮食文化，如逢年过节要准备九大簋，七月十四要包芦兜粽，中秋节要煲粥、吃田螺和菱角等。内容确保所开发资源的适宜性、可用性，为开发园本乡土教育课程奠定了基础。

2. 深入分析，细致整合

确立以幼儿为本的多元整合课程理念，充分挖掘乡土文化资源，以构建具有启蒙性、整合性、开发性的园本课程为原则，从整理好的册子中选取适合的、贴近幼儿生活的、幼儿能理解的内容改编为参考教材。例如，将隆都历史上流传下来的第一面红旗升起的地方、杨丽蓉事迹等编写成幼儿能理解、易懂的故事；将隆都美食融进时装表演活动中；将隆都古迹文化的学习以游戏"小导游"的形式转化；将非常有本土特色的传统民间游戏改编成适合幼儿接受的形式和玩法。

（1）开发园本乡土教材，汇编成《乡土教育——主题活动实例》。研究中，我们以"隆都传统文化主题活动方案"的探索研究为主线，不断反复学习、实验，积累了丰富的实验材料。经过课题组精心筛选后，编写了园本乡土教育课程《乡土教育——主题活动实例》。此课程包含了各年龄段主题教学活动计划、案例和幼儿喜爱的"隆都文化自主游戏"活动，记载了我园一线教师的探索、实践、反思、总结，使悠久的隆都传统文化在各领域教学活动中变得浅显而有趣，让幼儿能在趣味盎然的活动中愉快地了解、传承本土文化，是我园开展乡土教育课程的重要参考教材。下面以乡土教育——小班主题活动安排表为例：

乡土教育——小班主题活动安排表

主题	"隆都美食齐分享"（一）			
主题的产生	在一个幼儿的生日会上，妈妈为我们准备了一桌隆都美食。幼儿个个都围着桌子问"这是什么，叫什么名字"？我看出她们对这些美食充满了好奇，很想尝一尝。原来隆都美食有着那么丰富、独特的文化，如何在小班运用隆都美食开发幼儿教育资源呢？于是，我决定在小班开展"隆都美食齐分享"的主题探究活动			
主题目标	1. 认识各种隆都特色美食，初步了解隆都人的传统饮食习俗。 2. 让幼儿感受食物的酸甜苦辣，懂得怎样爱惜食物，培养幼儿不挑食、不浪费的好习惯。 3. 通过课堂、生活化的游戏活动等方式，锻炼幼儿的动手能力，初步培养幼儿与人交往的能力，从而激发幼儿对学习家乡美食文化的兴趣			
主题内容				
小主题	活动名称	教案参考	教具参考	互动环境
茶果大集会	1. 社会："各种各样的茶果美食"	要点：认识各种不同的茶果美食名称，了解各种茶果的味道和特点	美食图片—角仔及实物	把各种各样的美食图片贴在教室
	2. 语言："排排坐，吃茶果"（童谣）	要点：根据童谣《排排坐吃茶果》，编出关于茶果内容的新童谣进行学习，让幼儿体验改编童谣的乐趣	童谣文字挂图及茶果图片	利用图片与文字相对应展示童谣
	3. 健康："小兔子运美食"（体能）	要点：幼儿学习"钻、跳"等技巧，培养幼儿身体的协调能力。 参考《南京健康（三）》P88	用泥胶制作的隆都茶果美食、呼啦圈	把幼儿玩"运美食"的过程照下来进行展示
	4. 科学："咸咸的角仔真好吃"	要点：认识咸的茶果美食，知道食物的特征、制作材料，了解制作程序	实物角仔及其他不同味道的食品	把食物投放到"娃娃家"
	5. 科学："甜甜的茶果——年糕、寿桃饼"	要点：认识甜的茶果美食，知道食物的特征、制作材料、了解制作程序	实物糖饼及其他不同味道的食品	把食物投放到"娃娃家"
	6. 健康："健康的田艾饼"（保健）	要点：认识田艾饼的外形特征，了解吃田艾饼对身体有什么益处，教育幼儿不挑食	田艾饼的图片	把田艾饼的图片与益处通过文字展示出来

续 表

小主题	活动名称	教案参考	教具参考	互动环境
茶果大集会	7.艺术："快乐美食颂"（歌唱）	要点：学会歌曲，掌握歌曲中强、弱的欢快旋律，并激发幼儿对美食的热爱之情	配乐磁带、录音机、美食图片、根据歌曲"找朋友"改编的"快乐美食颂"、伴奏、乐谱	把歌曲的歌词展示在教室
	8.社会："参观美食店"	要点：引导幼儿认识店里食品的名称、种类，了解营业员及各工作人员的辛苦。参考《南京社会（三）》P101	美食街游戏场景	把制作的模型、美食材料投放到文化游戏区
	9.艺术："快乐齐分享"（歌曲）	要点：引导幼儿感受三拍的旋律，用接唱的形式学唱歌曲中体现美食的句子，体验歌曲的乐趣。参考《南京音乐（三）》P5、P74	配乐磁带、录音机、美食图片、根据歌曲"过新年"改编的"快乐齐分享"、伴奏、乐谱	把歌曲的歌词展示在教室
	10.语言："我喜欢的茶果美食"（谈话）	要点：通过各种隆都美食的图片，引导幼儿谈谈自己喜欢什么味道的茶果以及为什么喜欢	幼儿自带喜欢吃的美食、美食图片	把美食照片贴在教室，并用幼儿的话简单说明
	11.社会："分享美食，分享快乐"	要点：幼儿体验与同伴分享美食的快乐，让幼儿懂得只有学会了与人分享，才会有更多的好朋友。参考《南京社会（三）》P8、P109	幼儿自带喜欢吃的美食、美食图片	美食图片制作成吊饰，并挂起来
	12.健康："茶果美食寻宝"（体能）	要点：幼儿通过障碍物到对面拿茶果美食回来，然后归类，让幼儿懂得遵守游戏规则进行活动，以最快完成的为赢	篮子、各种隆都茶果美食图片、积木、呼啦圈	把幼儿教学活动中的情景照下来贴在课室
小吃大联盟	1.综合活动："猪弄包"	要点：幼儿了解猪弄包的外形特征，并用泥胶学习做金钱圈	实物猪弄包及演示的材料	把幼儿做的猪弄包等手工制品展示出来

续 表

小主题	活动名称	教案参考	教具参考	互动环境
小吃大联盟	2. 健康："杨桃"	要点：幼儿了解杨桃的特征，知道杨桃对健康的好处，养成吃水果时要讲究卫生、果皮不乱丢的好习惯	杨桃实物	展示杨桃的图片
	3. 科学："榄士真好吃"	要点：认识橄榄树，知道橄榄树的果实可制作成榄士，了解榄士的味道及制作方法	橄榄树及榄士的图片、实物	展示相关图片
	4. 健康："高高兴兴吃油棕"	要点：幼儿了解油棕是一种油炸性的食物，教育幼儿要少吃热量高的食物，不贪吃街边的小吃，培养幼儿良好的饮食卫生习惯。参考《南京健康（三）》P3、P23	油棕图片及实物	把亲子作业——油棕展示于美食区域
	5. 综合活动："脆爸爸"	要点：幼儿了解脆爸爸的外形特征、材料，并用手工材料学习制作脆爸爸的方法	做好的脆爸爸及图片	把幼儿做的脆爸爸展示出来
	6. 健康："猪脚姜人人爱"（保健）	要点：幼儿认识猪脚姜中的各种材料，了解猪脚姜对身体的益处，知道基本的饮食卫生常识。参考《南京健康（三）》P3、P102	实物猪脚姜	把猪脚姜的相关知识以图文形式展示
隆都文化游戏	1. 隆都美食店。2. "娃娃家" —— "作客"。3. "娃娃家" —— "过新年"			
主题反思	1. 通过主题内容学习，幼儿对隆都人的传统饮食习俗及有关隆都特色美食的由来有了更深入的了解。2. 从幼儿的学习情况中发现，幼儿对隆都地区的各种美食都充满好奇心，并对认识美食充满兴趣。3. 在主题活动及隆都文化游戏的开展过程中，幼儿对各自扮演的角色都能基本理解，也从中体会到与同伴相互合作游戏的快乐			

续表

主题 反思	4. 开展主题活动后，教室的环境布置越来越丰富了，根据主题内容，利用幼儿的作品、师生互动和亲子作业等充分地展示在教室的每一个角落里，让整个教室充满了隆都气息。 5. 从幼儿的学习情况中反映出幼儿对主题活动的内容是比较感兴趣的，但在教师的实际操作中存在很多不便之处，如有些教具、实物难以寻找和准备，又如大部分教师是外地的，对隆都特色美食了解不深。由此我们体会到，在开展教学活动之前有必要进行相关知识的收集和学习

（2）建立乡土教学资源库。包括各年龄段的教学活动材料，有电子文字信息资料、图片、音像、视频、实物教具、游戏材料等，是乡土教学课程的重要组成部分，为课程的顺利开展提供了重要保证。

二、隆都文化资源的渗透与运用

当初步的教材整编工作基本完成之时，紧接着就是如何将隆都文化以幼儿喜闻乐见的形式渗透到生活、学习和游戏当中。

1. 集体活动

结合《纲要》五大领域的指导思想，通过不同领域的交叉运用，把隆都文化渗透到幼儿的课堂学习过程中，让每位幼儿都成为"地道的隆都人"。我们经过反复思考、讨论后，制定实验计划，展开了子课题"隆都传统文化主题活动方案"的探索研究。具体安排是：各年级每学期开展为期一个月的文化主题学习活动，教师以《纲要》为指导，根据幼儿的年龄水平与认知特点设计教学主题、制定教学方案（小班选取隆都美食文化；中班选取方言文化、古迹文化；大班选取产业文化为主题教学内容），通过五大领域的课堂教学活动向幼儿宣扬隆都文化，引领幼儿了解、学习隆都文化。经过反复的实验—反思—再设计—再实验，现已形成多个具有隆都文化特色的教学主题和优秀的活动案例。如大班教学主题有"我爱大涌""红木潮流坊""时尚牛仔风"；中班教学主题有"我熟悉的大涌""隆都话说说说""隆都人家——古人古事"；小班教学主题有"大涌游""隆都美食齐分享"等。再如，大班的语言活动"乡村夜雨""青蛙卖泥塘"，体育活动"小狮迎新年""好玩的牛仔布"；中班的童谣仿编"白兰花"，创编童谣"行渡渡"；小班的社会活动"大家来抱抱"，童谣仿编"排排坐，吃茶果"等。悠久的隆都传统文化在各领域教学活动中变得浅显而有趣，幼儿在丰富多彩的活动中愉快地了解着本土文化，感受着传统文化的丰厚，传承着祖辈们留下的优秀思想品德，萌发了热爱家乡、热爱大涌本土传统文化的情愫。

2. 区角游戏

为帮助幼儿巩固学习隆都文化，我们设计、开展了区角游戏活动。主要是以主题区域游戏活动的形式，让幼儿在玩耍中自然地、深刻地了解隆都文化。我们根据幼儿不同的年龄特点，把八大类别的隆都文化设计成幼儿喜闻乐见的主题区域游戏活动，分别是"快乐小课堂""有趣的游戏乐园""特色美食秀""快乐之旅"等。为了让幼儿在活动中边玩边学，我们组织幼儿和家长一起制作了很多活动中需要的材料，有精美的头饰和各种表演道具，还为人物进行了有趣的"包装"。这样，幼儿在游戏中就能体验更浓的隆都文化乐趣，还可以在玩中学、学中乐的轻松环境中学习隆都文化。下面选取两个区域主题游戏做介绍。

区域游戏一："快乐小课堂"。以隆都民谣为主，让幼儿以小课堂的游戏形式了解隆都文化。

幼儿学习用方言表演民谣，提高幼儿的方言表达能力。为了增加幼儿的表演兴趣，我们请幼儿担任小老师，教其他小朋友学习隆都民谣。幼儿可以自行设计自己喜欢的造型，还可以佩带各种头饰进行表演。每当看见幼儿忙得不亦乐乎、手舞足蹈的样子，我的心中都充满喜悦。记得有一次游戏活动中，萍萍小朋友表演隆都童谣《摇嘻嘻》，这首儿歌是隆都人用来哄幼儿睡觉的摇篮曲，大家都很喜欢这首隆都童谣。萍萍身上的造型吸引了我的目光，我悄悄地走近一看，她身上披了块布，好像还有个毛茸茸的东西。原来是萍萍自己的衣服在同伴的帮助下变成了一条可爱的背带，又找了个布娃娃背在背上。看到这一幕我很惊讶，原来幼儿的想象力是那么的丰富，同时也让我得到了很大的启发，今后的区域游戏我们应该不断地补充材料。

区域游戏二："快乐之旅"。通过幼儿扮演"导游"带队旅游的形式，让幼儿了解隆都古迹文化。

"旅客们"带上精心制作的"照相机"，跟着"导游"到景点参观古迹，并了解古今历史，还与同伴拍照留念。在各种不同的隆都文化游戏活动中，幼儿学会热爱隆都文化，不管是外地还是本地的幼儿，他们都尝试用各种不同形式的游戏来反映隆都文化的特色。幼儿能积极参与各种隆都文化游戏活动，对活动产生浓厚的兴趣，并在活动中学会分工合作，与同伴友好交往，分享活动的快乐，还在活动中学习用方言来展示隆都文化，表演能力也有提高。例如，大四班有位外地幼儿黄梓康，他是其中的一位"导游"，他介绍古迹白蕉围的那段话令我印象深刻。他是这样介绍的："各位旅客，我们现在到达的是白蕉围，这里是记载中山升起第一面五星红旗的地方，是一个具有历史纪念价值的地方，希望大家常来参观。"接着有位"旅客"问道："是真的吗？你是怎么知道的？"梓康连忙解释说："这个地方我和家里人去过了，那里有一位老爷爷告诉我们的。后来我也问了老师，老师说没错，所以我才告诉你们，不信你们可以请爸爸妈妈带你们去看一看，就知道我说的对不对了。"

区角主题游戏活动在幼儿的生活中起到了积极的作用，让隆都文化充满了生活气息，为幼儿的每一天增添快乐时光。可见，游戏的确是一把开启幼儿快乐生活的"金钥匙"。

3. 表演活动

主要是"我的直播秀"才艺表演活动。这是一个以语言表演为特色的舞台，体现师生互动、生生互动、台上台下互动、共同发展的学习模式，为幼儿营造了自由、轻松、愉快的学习氛围，是幼儿园专门为幼儿设计的一项锻炼口语和表演能力的活动。这是"十五"课题其中的一项研究成果。课题组在原有基础上进行了创新，让幼儿在快乐的舞台上创造性地展现隆都独特的传统文化。例如，在牛仔时装表演中穿插红木家具的介绍；在热情奔放的肚皮舞中进行隆都美食介绍；在舞蹈"狮乡童谣"中巧妙地将隆都人们过年的习俗以表演的形式再现"新春大吉""恭喜发财"等新年气氛。台上台下共同互动，使所有参与者犹如亲临其境，沉浸在浓郁的乡土节日氛围中。

三、创设良好环境，融入乡土文化

为了让幼儿更好地了解隆都的传统文化，课题组开展了乡土文化主题环境创设的研究。在教学楼的楼梯间，我们把本镇的人文地理、现代特色产业、隆都革命历史、民俗民风等文化通过精心设计，布置成八个主题教育景点（八大乐园）：有清新、高雅的卓旗山风景区，有时尚、富有个性的牛仔服饰展区，有古色古香的红木雕刻传统小屋。在"方言乐园"里，教师为幼儿安置了舒适的凉席，将普通话、隆都话以及配图表示的内容粘贴在席简上，幼儿可以在这清雅之地轻松地学习隆都方言；"名人轶事"则摆放着隆都本土作家、学者的著作，吸引了大批家长与幼儿一起阅读；"民谣乐坊"记录着隆都传统的童谣；"民俗展示区"则挂着各种乡间特产。这些传统的东西在幼儿眼中逐渐由新鲜变得熟悉，使每层楼梯间都是一道美丽的风景线。除了八大乐园以外，教室的布置也融入了本土文化的教育元素，走进教室就能深深地感受到浓浓的隆都文化气息。

开展乡土文化主题环境的创设，使内涵丰富、历史悠久的隆都文化变得趣味盎然、通俗易懂，实现本土文化融入生活的教育。

四、教师培训

师资队伍现代化是教育现代化的根本，高质量的教师队伍是实施课题研究的重要保证。中心幼儿园在课题管理工作中始终坚持以教师发展为本，在"十一五"课题研究的过程中，以理论学习为导航，以实践为促进，坚持把创造还给教师，在全力引领教师走进本土文化课题的同时着力促进教师的专业化成长。经过三年的课题锻炼，全体教师在有效的科研活动中增长了才干，提高了科研水平和业务技能，增强了事业心与责任感，提高了教科研的意识和能力，对课题实验的一般过程均有透彻的理解，能够运用科学的方法从事科研，并能写出具有推广价值的实践性专题论文。如2008年，由课题组教师撰写的八篇专题论文在《中山商报》上发表；2010年，由李霭嫣老师、刘静晖老师撰写的论文分别获得中山市幼儿园论文评选活动的二等奖及三等奖；由一线教师撰写的五篇专题论文获得2010年广东省学会学前教育专业委员会年会论文评比的三等奖。此外，自制教学玩具"隆都文化游戏棋"荣获全市幼儿教师自制教学玩具比赛三等奖，园本文化特色课例《青蛙卖泥塘》荣获全市幼儿园课例评选比赛三等奖。

五、反思与设想

"十一五"课题研究让我们通过方言的世界感受隆都文化的多姿多彩。三年的研究实践让我们积累了一定的经验，取得了丰硕的实验成果，当我们微笑着收获科研成果的同时，更多的反思和设想。

1. 进一步深挖利用本土文化资源，丰富园本教学资源。

2. 进一步优化园本课程结构，完善文化主题教学活动的设计，使之更符合幼儿认知规律，提高保教质量，促进幼儿更好、更全面地和谐发展。

3. 进一步探索科研育师的做法，结合课题研究，开展多元培训，不断提高教师的课堂教学和总结提炼的能力，引领教师向研究型转化。

"十一五"研究课题的结题并不标志着我园科研工作的结束，而是新一轮科研实验的起点。我园将在"十二五"科研中不断扩大研究的视野，计划在"十一五"乡土文化教育的基础上，以培养幼儿"做中国人，做现代中国人"为导向，开展华侨文化的实验研究。我们相信，有各界的支持，并通过我们自身的努力，我园的科研道路会越走越宽广。

传统文化的传承和发展往往就在潜移默化当中。大涌镇中心幼儿园的乡土文化教学不仅让我们眼前一亮，对于幼儿的未来发展而言更是必不可少的，他们终将会发现，自己是在这一片独具特色的文化土壤中快乐成长的一代，而他们身上的隆都文化印迹将会随着时间的前移而变得愈加清晰。

教育实例 隆都美食齐分享

实例1：各种各样的茶果美食

一、活动目标

1. 初步学会用语言表述品尝后的感受，萌发爱家乡的美好情感。

2. 认识各种不同的隆都美食，了解这些美食有什么特色。

3. 品尝隆都美食的味道，并乐意与同伴分享美食心得。

二、活动准备

各种各样的茶果美食图片、实物。

三、活动过程

（一）各种美食图片导入，认识各种茶果美食的名称

1. 教师出示各种隆都美食的图片，让幼儿认识各种茶果美食的名称，如煎堆、金吒、角仔、叶仔、金钱圈等。提问：

（1）你有没有吃过这些茶果美食，它们的味道是怎样的呢？

（2）咱们一起来尝一尝，品尝后说一说你吃到的茶果美食是什么？它是什么味道的？里面的馅是用什么做的？

（二）品尝隆都美食的味道，与同伴分享品尝美食心得

1. 教师出示各种隆都茶果实物，请幼儿品尝，并及时引导幼儿和同伴交流自己尝到的茶果味道。

2. 教师请个别幼儿分享自己品尝的茶果名称、味道，尝试说一说里面的馅料是用什么做的。提问：

（1）你更喜欢吃哪一种茶果？为什么？

（2）了解这些美食有什么特色。

3. 观察实物，引导幼儿了解各种茶果的外形特征。教师简单讲解各种隆都美食的用料以及制作方法。

四、活动反思

幼儿能说出大部分的美食名称，能大胆地用语言表达自己尝到的茶果味道。

实例2：排排坐，吃茶果

一、活动目标

1. 理解童谣内容，能有节奏地念童谣。

2. 通过轮流接说童谣、拍身体部位等方式念童谣，感知童谣的节奏。

3. 喜欢念童谣，能与老师、同伴一起愉快地表演童谣。

二、活动准备

美食图片、挂图。

三、活动过程

（一）一起念《排排坐，吃茶果》童谣导入，引出课题

师：还记得这首歌谣叫什么名字吗？我们一起来念吧！

（二）学习童谣《排排坐，吃茶果》

1. 观察画面，了解童谣内容。提问：

（1）你看到了什么？

（2）他们在干什么？

2. 教师有节奏地念童谣，幼儿欣赏。

3. 师：老师把你们看到的图画上的这些东西变成了一首好听的童谣，一起来听听，你听到童谣里面说了些什么？

5. 教师带领幼儿边指图边念童谣《排排坐，吃茶果》。

6. 采用轮流念童谣的方式，师生合作念童谣。

（三）引导幼儿感知童谣的特点

师：你觉得这首童谣有什么特别的地方？童谣的前两句是怎样的？

使幼儿知道这首童谣是一首数字歌谣，童谣的第一句是顺数，第二句是倒数，童谣中的许多地方都是用数字表示的。

教师带领幼儿边拍手打节奏边念童谣，帮助幼儿感知童谣的节奏。例如念单句童谣时做拍手动作，将幼儿分成两组轮流表演童谣。

四、活动反思

我以游戏"分果果"贯穿教学活动过程，引导幼儿在童谣和游戏"分果果"中学会谦让他人，懂得谦让是一种美德。

同时我用启发式提问法，让幼儿无拘无束地说出自己的想法，使幼儿想说、敢说、喜欢说，体验语言交流的乐趣。整个活动我以幼儿为主体，充分尊重幼儿主体作用的发挥，引导他们主动探究，让幼儿在轻松的气氛中掌握活动的重难点。

实例3：咸角仔真好吃

一、活动目标

1. 认识隆都美食咸角仔，初步了解隆都美食文化，增进爱家乡的情感。

2.懂得制作咸角仔的基本方法及步骤，能运用和面、包馅等技能制作咸角仔。

3.能主动与同伴交流、协商，感受合作的乐趣。

二、活动准备

实物角仔、制作材料（面粉、水、擀皮儿棒、馅料）。

三、活动过程

（一）实物导入，激起幼儿的兴趣

师：老师今天带来了一样好吃的隆都美食，大家猜猜是什么？（出示实物一个）你认识这种隆都美食吗？它叫"咸角仔"，闻一闻，好香啊！想不想尝一尝？但是老师只带来了一个，不够分。不过我有个好办法，咱们今天自己做咸角仔品尝，好不好？

（二）教师示范制作方法，幼儿观看、学习

1.出示材料（面粉、水、擀皮儿棒、馅料），教师介绍制作材料。

2.教师示范制作方法和流程。

（1）和面——擀皮儿——装馅儿——包。

（2）引导幼儿掌握包的技巧，提醒包的时候边边都要捏回去，以免馅儿漏出来。

3.分三组，幼儿尝试制作，教师指导（引导幼儿可以分工合作）。

（三）品尝制作成果

品尝美食，同时请幼儿与同伴交流自己是怎样制作咸角仔的，并向同伴描述品尝出的味道。

四、活动反思

幼儿对活动很感兴趣，品尝美食来源于幼儿的生活实际，易于让幼儿接受，本次活动我让幼儿通过看、做、尝等方式，初步感受隆都小吃的风味。

实例4：甜甜的茶果——年糕、寿桃饼

一、活动目标

1.认识隆都美食年糕、寿桃饼，了解隆都本地的一些习俗，萌发爱家乡的美好情感。

2.了解年糕、寿桃饼的制作程序。

3. 学会用语言表述品尝年糕、寿桃饼后的感受，能完整地说出"甜甜的年糕（寿桃饼）"。

二、活动准备

实物寿桃饼、年糕、年糕的制作工序图片、制作寿桃饼的视频。

三、活动导入

（一）出示实物寿桃饼和年糕，激发幼儿兴趣

师：老师今天带来了两样好吃的隆都美食，看看是什么？（出示实物，认识这两样美食的名称）

（二）幼儿了解年糕和寿桃饼的制作程序和特征

1. 师：年糕是隆都的特色贺年美食，每逢过年时，隆都的人家就会制作年糕来贺年。我们先来看看年糕是用什么制作的，又是怎样做出来的。

出示年糕的制作材料和制作工序图片，与幼儿一起讨论这些美食都是由什么做出来的，让幼儿积极参与到活动中。

2. 师：寿桃饼也是隆都的特色美食，做成桃子的形状，上面印有一个寿字，因此得名"寿桃饼"。每逢喜庆的节日（观音节、爷爷奶奶过生日），家家户户都会做寿桃饼吃。一起来看看寿桃饼是怎样做的。

播放制作寿桃饼的视频，幼儿欣赏。

（三）品尝年糕和寿桃饼，用语言表述品尝后的感受

让幼儿品尝年糕和寿桃饼，互相讨论它们的味道，引导幼儿用完整的语言说出它们的味道。

四、活动反思

幼儿积极参与回答，会用完整的语言表述品尝年糕、寿桃饼后的感受。当我出示实物年糕时，有幼儿说："老师，这是年糕，我家里做过。"我接住话题问："那你知道年糕是用什么做的吗？"他回忆了一会说好像里面有红枣。接着我引导幼儿了解年糕的制作方法，活动就这样顺利地展开了。

实例5：参观美食店

一、活动目标

1. 认识美食店里食品的名称，了解美食店的几种主要美食。

2. 了解营业员的工作，体会营业员工作的辛苦。

3. 体验当营业员和顾客的快乐。

二、活动准备

隆都美食、美食街游戏场景。

三、活动过程

（一）美食店的图片导入，激发幼儿兴趣

1.师（出示图片）："哇，好多好吃的呀！这是什么地方呀？原来是隆都美食店，你们想不想到美食店参观？那我们现在就去参观美食店吧！"

2. 提出参观要求：参观时仔细看美食店里卖什么东西、营业员是怎么卖东西的。

（二）带领幼儿参观隆都美食店

1. 引导幼儿观察美食店里的美食，告诉幼儿每种食品的名称。

2. 引导幼儿观察，美食店除了卖金吒、角仔，还卖什么？从而使幼儿知道除了金吒、角仔是隆都美食之外，还哪些隆都美食。

3. 引导幼儿观察美食店里营业员和顾客的活动。请幼儿记住营业员和顾客之间的简单对话。提问：

（1）美食店里有些什么人？

（2）他们在干什么？

4. 请幼儿仔细观察营业员是怎样放置美食的，使幼儿知道不同的美食要分开放置，建立初步的分类概念。

5. 幼儿在教师的带领下进行购物，仔细观察营业员是怎样热情为大家服务的，感受营业员劳动的辛苦。

（三）参观后谈话

1. 引导幼儿回忆参观的内容，请幼儿想一想美食店里卖了哪些隆都美食？（金吒、角仔、煎堆、叶仔）

2.如果没有美食店会怎么样？让幼儿感受美食店与人们生活之间的密切关系。

四、活动反思

幼儿第一次来美食店，充满了好奇，一直在问："老师，这是什么？"活动中我让幼儿自由观察，和同伴讨论老师交代的问题。所以在最后的"参观后谈话"环节，幼儿都能很积极地说。

实例6：快乐齐分享

一、活动目标

1. 能用活泼愉快的声音唱歌，与同伴分享新年带来的喜悦。

2. 学习在歌曲《新年好》的节奏中唱《快乐齐分享》。

3. 大胆创编舞蹈动作，愿意结合身体动作表现音乐的美。

二、活动准备

《新年好》的伴奏、《快乐齐分享》的歌曲图谱

三、活动导入

（一）齐唱歌曲《新年好》导入，引出课题

播放音乐，教师带领幼儿唱《新年好》。

师：今天老师学唱了一首和《新年好》有点像的歌曲，一起来听听，听听哪些地方有点像？

（二）教师范唱歌曲《快乐齐分享》，幼儿学唱

1. 教师范唱歌曲，幼儿倾听。提问：

（1）这首歌和《新年好》哪些地方是一样的？

（2）你听到歌曲里面唱了什么？

2. 出示图谱，理解歌曲内容。

3. 教师根据图谱再次范唱歌曲。

（酸酸的柚子，甜甜的年糕，我们大家一起分享，你吃一口，我吃一口，大家吃得真HAPPY）

4. 幼儿跟着教师学唱歌曲两次，播放音乐唱一次。

（三）创编舞蹈动作

1. 师：小朋友唱得可真好听，如果能加上动作就更棒了！咱们加上喜欢的动作唱一次，老师看看谁做的动作好看。（播放音乐，幼儿创编动作）

2. 教师表扬大胆做动作的幼儿，鼓励其他幼儿也大胆做。

四、活动反思

幼儿在引导、鼓励下大胆地创编动作。在这一环节中，我想让幼儿自由选

择一位同伴对跳，所以临时增加了活动环节，鼓励幼儿找好朋友一起跳舞。几遍以后，我又鼓励幼儿换朋友跳舞，在游戏中促进了幼儿的交往能力，让幼儿体验到了交往的快乐。幼儿是学习的主体，要让幼儿能积极主动地学习，选择方法是很重要的。

实例7：我喜欢的茶果美食

一、活动目标

1. 品尝隆都美食，能与同伴交流品尝的感受。

2. 学习用简单的句子说出自己喜欢的茶果。

3. 学习句式"我喜欢吃××，因为……。"

二、活动准备

句式"我喜欢×××，因为……"；隆都美食图片；隆都美食。（金吒、角仔、煎堆、叶仔等）

三、活动过程

（一）手偶小兔子和隆都美食图片导入，引出课题

师：今天小兔子来我们班做客，小兔子带来了很多隆都美食，你们看——（出示图片）提问：

（1）你认识哪些隆都美食？

（2）它们叫什么名字？（逐一出示，回顾美食名字）

（二）品尝茶果美食，与同伴讨论美食味道

师：小兔子请我们品尝隆都美食，尝的时候可以和好朋友说说你品尝到的美食味道。

（三）学习用"我喜欢吃××，因为……"的句式说出自己喜欢的茶果美食

教师出示美食图，与幼儿一起观赏，并让幼儿讨论美食，教师不做结论。

1. 师：这么多好吃的茶果美食，小兔子喜欢吃哪一种呢？（老师用对话的口吻问小兔子："小兔子，你喜欢吃哪一种茶果美食呀？"小兔子："我喜欢吃金吒，因为金吒里面有香香的肉。"）提问：

小兔子是怎么说的？（引导幼儿用完整的语言说，学习句式"我喜欢吃××，因为……"）

2. 师：小朋友，你喜欢吃什么茶果美食呀？为什么？

3. 请部分幼儿上前挑自己喜欢的美食图片，并用句式"我喜欢×××，因为……"大胆地说出自己喜欢的茶果。

四、活动反思

小兔子是我们班幼儿很喜欢的一种小动物，所以我选用小兔子导入活动，激发幼儿兴趣。相信每个人都喜欢吃美食，所以幼儿对本次活动很感兴趣，在玩和吃中学习，大部分幼儿都能用"我喜欢吃××，因为……"的句式说出自己喜欢的茶果。

实例8：分享美食，分享快乐

一、活动目标

1. 能主动与朋友分享好吃的美食，幼儿体验与同伴分享美食的快乐。

2. 初步认识到学会与人分享才会有更多的好朋友。

3. 通过故事初步领会"分享"一词的含义，能大胆讲述自己喜欢吃的美食。

二、活动准备

家长为幼儿准备适量爱吃的美食带到幼儿园来。

三、活动过程

（一）讲述故事《甜甜和多多》，引导幼儿欣赏

提问并组织幼儿讨论：

（1）为什么甜甜和多多是一对好朋友？

（2）甜甜晕倒了，为什么她还能顺利回家？

（3）如果多多不这样做会有什么后果？

（二）幼儿分享美食，感受分享的快乐

1. 幼儿展示自己带来的美食，说说喜欢吃的理由，学说叠词"甜甜的、香香的、脆脆的"等。提问：

（1）你最喜欢吃什么？

（2）你愿意和谁一起吃？

2. 师生讨论，引导幼儿学会分享，懂得心中有他人才会真正快乐。

提示语：每个小朋友都带来了自己喜欢的美食，怎么样才能品尝到更多的美食，体会更多的快乐呢？

3.师生共同收拾、整理场地并小结。

4.鼓励幼儿在生活中学会分享，如分享美食、分享玩具、分享图书、分享快乐，在分享中结交更多的朋友。

四、活动反思

让幼儿把自己最喜欢的美食带到幼儿园，和其他的幼儿分享，一起感受分享美食的快乐！这个活动可以培养幼儿学习与人分享美食，是踏入群体的第一步，也是培养良好人际关系的好方法。日常生活中鼓励幼儿与他人分享玩具、图书、美食等物品，充分体验分享带来的快乐。

实例9：猪弄包

一、活动目标

1.知道猪弄包是隆都美食，激发幼儿对隆都美食的兴趣。

2.认识猪弄包，了解猪弄包的外形特征。

3.了解猪弄包的制作方法，学习用彩泥做猪弄包。

二、活动准备

美食图片、美食实物。

三、活动过程

（一）猪弄包实物导入，了解猪弄包的外形特征

1.师（教师带着小熊头饰扮演小熊）：小熊今天给我们带来了一种美食，看看是什么美食。（出示猪弄包实物）提问：

（1）你认识这种隆都美食吗？它叫什么名字？

（2）猪弄包是什么形状的？

（二）引导幼儿学习用彩泥做猪弄包的方法

1.出示制作猪弄包的图片，教师讲解制作猪弄包的方法。

2.教师用彩泥示范制作猪弄包。用白色的彩泥当面粉，用其他颜色当肉馅。

3.提醒幼儿重点掌握制作猪弄包的技巧，捏的时候要捏好，小心肉馅流出来。

4.幼儿尝试制作，教师巡回指导。

（三）作品展示、分享制作方法

师：小朋友制作猪弄包的时候都很认真，可真棒呀！看看谁做的猪弄包最成功，你能上来和大家分享一下你的猪弄包是怎样做出来的吗？（请个别幼儿）

四、活动反思

一开始有一半的幼儿没有掌握包的技巧，所以不会制作。很多幼儿跑过来问老师是怎么做的，后来我又讲解了一遍制作方法，重点讲包的技巧，然后就有些幼儿会包了。之后教会的幼儿教不会的，很快大部分幼儿都学会了。虽然包得不是很好看，但是幼儿学习得很开心、很认真。

实例10：香喷喷的煎堆

一、活动目标

1. 通过念童谣让幼儿感受家乡美食文化。

2. 知道煎堆的制作材料和制作方法，体验制作煎堆的快乐。

3. 能有节奏地念童谣《香喷喷的煎堆》。

二、活动准备

煎堆实物、制作煎堆的步骤图和视频、《香喷喷的煎堆》童谣挂图。

三、活动过程

（一）煎堆实物导入

1. 师：小朋友，你们认识这是什么吗？（煎堆是隆都的一种美食）

2. 师：煎堆是什么形状的？什么颜色？（学习词语"圆煎堆""金灿灿"）

3. 师：那你们知道煎堆是用什么做的吗？（糯米粉和芝麻）

（二）了解煎堆的制作材料和制作方法，品尝煎堆

1. 播放制作煎堆的视频，幼儿欣赏。

2. 出示制作煎堆的步骤图，教师讲解，加深理解。

3. 尝一尝煎堆的味道，说说是什么感觉，引导幼儿说"脆又甜"。

（三）出示童谣挂图，学念童谣

1. 出示图谱，教师根据图谱有节奏地朗诵童谣。

师：圆煎堆，金灿灿；闻一闻，香喷喷；吃一吃，脆又甜。提问：

（1）这首童谣叫什么名字？

（2）你听到童谣里面说了些什么？

2.教师引导幼儿看图谱学念童谣一遍。

3.再次让幼儿念童谣（拍手打节奏念）。

四、活动反思

前面的环节都为后面学童谣做铺垫，幼儿在了解煎堆的形状、颜色，品尝煎堆的味道后再学童谣，很容易掌握。

实例11：金吒的由来

一、活动目标

1.欣赏和理解故事内容，知道金吒的由来。

2.知道金吒是隆都的特色美食，萌发爱家乡的情感。

3.尝试做金吒，体验参与制作的乐趣。

二、活动准备

美食金吒、故事图片。

三、活动过程

（一）金吒美食图片导入，引出课题

师：你们看这是什么？（金吒，是隆都的一种特色美食）你们知道金吒是怎么来的吗？

过渡语：金吒这个名称的由来还有一个古老的故事，一起来听一听。

（二）教师出示故事背景图，引导幼儿理解故事的主要内容

1.教师看图讲述故事，幼儿倾听，理解故事内容的意思。

师：封神榜上有个托塔天王，名叫李靖，李靖有三个儿子：金吒、木吒、哪吒。父子们持有神奇独特的兵器，金吒使的兵器是件两头尖、中间椭圆、形状怪异的武器。因此，人们便用米粉模仿金吒的兵器捏成粉果，帮这种粉果取名叫"金吒"。后来还配以肉类，逐步发展成为今天的美食金吒了。

2.根据相关故事内容提问，让幼儿加深对故事的理解。

（1）金吒神奇独特的兵器是怎样的？

（2）后来人们用什么模仿金吒的兵器？取名叫什么？

（三）尝试做金吒，成果分享

1. 教师介绍材料，示范制作金吒。

2. 幼儿学做，教师指导。

3. 成果分享。

四、活动反思

本次活动通过故事的形式让幼儿了解金吒美食的由来，激发幼儿爱家乡的情感。第三环节通过自己动手制作美食金吒，体验制作美食的乐趣，进一步激发幼儿爱家乡的情感。整个活动幼儿兴趣较浓，对于个别幼儿还要多关注，多给予表现的机会。

教育实例　隆都人家

活动1：隆都农家用具

一、活动目标

1. 通过探索活动，认识不同农家用具的功能及特点。

2. 能够将学到的知识运用于日常生活中。

3. 能大胆表述操作过程和结果。

二、活动准备

农家用具的图片、真实的农家用具。

三、活动过程

（一）导入

师：小朋友们，在很久以前，农民伯伯是利用各种农家用具劳作的。我们一起来看看有哪些工具，一起来认识一下吧。

（二）出示图片

1. 出示竹扫的图片，让幼儿观察。提问：

（1）这是什么？（幼儿讨论）

（2）是用什么做的？有什么用处？

教师介绍竹扫，并告诉幼儿隆都话怎么说竹扫以及竹扫的作用。

2. 出示筛子的图片，让幼儿观察。提问：

（1）这是什么？

（2）用什么做的呢？有什么用处？

教师介绍筛子，并教会幼儿用隆都话说出用具名称。

3. 出示扫把的图片，让幼儿观察。提问：

（1）这是什么？

（2）和我们刚才看到的竹扫有什么不一样呢？有什么用处？

教师介绍扫把，并告诉幼儿隆都话怎么说扫把以及扫把的作用。

4. 出示水瓢，让幼儿观察。提问：

（1）这是什么？

（2）它长得是什么样子的？有什么用处？

教师介绍水瓢，并告诉幼儿大涌话怎么说水瓢以及水瓢的作用。

5. 出示米筛的图片，让幼儿观察。提问：

（1）这是什么？

（2）它长得是什么样子的？是用什么做的？

教师介绍米筛，并告诉幼儿隆都话怎么说米筛以及米筛的作用。

6. 出示盖的图片，让幼儿观察。提问：

（1）这是什么？

（2）它长得是什么样子的？是用什么做的？

教师介绍盖，并告诉幼儿隆都话怎么说盖以及盖的作用。

（三）操作

1. 幼儿尝试动手操作，感受使用农家用具的乐趣。

2. 请幼儿分享操作过程。

四、活动反思

本次活动以引起兴趣——认识了解——操作探索的流程进行，让幼儿知道古时的农家用具非常的简易，利用竹子也能做出用具。让幼儿动手操作，亲身经历，感受当中的乐趣。

活动2：杨丽蓉的故事

一、活动目标

1. 初步体验怀念先祖、怀念革命烈士的情感。

2. 了解故事的内容，知道故事发生的时间、地点、过程，了解故事的内容。

3. 培养幼儿学习英雄坚强、勇敢、不怕苦的精神。

二、活动准备

墓碑图片；表演道具：草帽、护士帽、机关枪玩具、自制大炮等。

三、活动过程

（一）出示图片导入

师：小朋友，你们知道这座墓碑是纪念哪位烈士的吗？为什么给她立碑来纪念她呢？我们大涌曾有一位英雄，为了保护保护国家、保护人民献出了生命，这就是杨丽蓉。我们一起来听一听英雄的故事吧！

（二）引出故事，学习故事

完整地欣赏一遍故事后。提问：

1. 故事的名字叫什么？

2. 日本人侵略了大涌的什么地方？

3. 杨丽蓉是怎么受伤的？

4. 杨丽蓉是一个怎样的英雄？

（三）鼓励幼儿大胆地表演故事情节

1. 教师复述一遍故事，让幼儿更清楚故事内容。

2. 幼儿自选角色、道具。引导幼儿互相讨论。

3. 鼓励幼儿大胆尝试利用道具将故事情节表演出来。

（四）讨论

引导幼儿从精神的角度欣赏杨丽蓉。

师：我们现在的幸福生活来得不容易，是靠英雄们的鲜血和生命换来的，我们应该倍加珍惜。我们应该讲卫生、讲礼貌、讲文明，要从小学好本领，长大才能做个对社会、对家乡有贡献的人。

四、活动反思

为了让幼儿更好地了解大涌的英雄，首先通过照片引导让幼儿知道为什么会有这么多人在墓碑前纪念，为什么会立碑纪念她，再来引导幼儿认识、了解杨丽蓉烈士的故事。通过学习，让幼儿懂得珍惜现在的幸福生活来之不易，培养幼儿学习英雄坚强、不怕苦、不怕累的精神。

活动3：旗山花

一、活动目标

1. 通过各种形式引导幼儿表达美丽的卓旗山风景。

2. 鼓励幼儿用完整的语言表达自己所观察到的景象。

3. 理解诗歌的内容，感受诗歌的语言美。

二、活动准备

《旗山花》诗歌、轻音乐、卓旗山的图片、蜡笔、纸、余全立图片

三、活动过程

（一）出示图片导入

师："小朋友们，我们大涌有很多名胜古迹，其中一个地方是最受欢迎的，就是我们的卓旗山。你们看，卓旗山的风景漂亮吗？卓旗山上都有些什么啊？"

（二）引导幼儿欣赏诗歌

1. 师：今天老师带来了大涌诗人余全立的作品《旗山花》，小朋友们想听吗？

2. 教师清晰地朗诵诗歌《旗山花》，引导幼儿讲述听后的感受。

3. 鼓励幼儿跟教师用好听的声音朗诵。

（三）讨论

1. 引导幼儿讨论，表达对卓旗山的喜爱之情。

2. 引导幼儿通过画卓旗山表达自己的情感。

四、活动反思

围绕目标，由浅入深地引导幼儿进入诗歌情景，感受诗歌的构思巧妙、语言精练、意蕴优美，从而理解诗歌中对卓旗山的赞美。还可以组织幼儿去卓旗山旅游，直观感受卓旗山。

活动4：第一面红旗升起来的地方

一、活动目标

1. 培养幼儿热爱国旗、热爱祖国的情感。

2. 引导幼儿理解故事的内容，培养幼儿热爱家乡的情感。

3. 帮助幼儿熟悉故事内容，尝试按时间、地点、过程等线索复述故事内容。

二、活动准备

红旗、第一面红旗升起的地方的图片。

三、活动过程

（一）以谈话的形式引发幼儿倾听故事的兴趣

师：小朋友，老师有问题想问问你们，你们在什么地方见过国旗呢？（天安门、学校、商店、电视里等）你们知道"第一面红旗升起来的地方"在哪里吗？我们一起了解一下。

（二）出示视频，引导幼儿理解故事的内容及情节的发展

1. 观看"升旗仪式"，激发幼儿的兴趣。

师：今天老师带来了一个故事《第一面红旗升起来的地方》，我们一起来欣赏。

2. 教师有感情地讲述一遍故事后进行提问：

（1）故事的名字叫什么？

（2）故事里有谁？发生在什么时间？在哪个地方升起的第一面红旗？

（3）故事说了一件什么事情？

（三）引导幼儿根据时间、地点、事件的经过复述故事。

1. 教师带领幼儿轻声讲述故事。

2. 鼓励幼儿大胆尝试上台讲述故事。

（四）延伸活动

师：你想拥有一面五星红旗吗？接下来就让我们一起做一做吧！

四、活动反思

通过这节课，让幼儿感到热爱国旗、热爱祖国的情感是十分重要的，知道第一面红旗升起来的地方在哪里。提问时课堂气氛不是很活跃，但幼儿都很认真地听教师讲课，达到了预期的效果。

活动5：红旗飘飘

一、活动目标

1. 培养幼儿热爱祖国、尊敬国旗的情感。

2. 引导幼儿体验手工活动的乐趣。

3. 通过手工活动，提高幼儿剪、粘贴的动手能力。

二、活动准备

红旗、红纸、棍子、胶水。

三、活动过程

（一）提出小导游，引起幼儿兴趣

师：小朋友你们看，这位是谁啊？（小导游）今天，小导游要带领我们去回顾第一面红旗升起的地方，你们准备好了吗？

（二）幻灯播放五星红旗，让幼儿观察、认识五星红旗，知道这是我们国家的国旗

出示五星红旗，引导幼儿观察它的颜色、形状及象征意义。提问：

（1）你们在哪里见过五星红旗？

（2）旗面是什么颜色的？

（3）上面有几颗星？

（4）一样大吗？

（5）是什么颜色的？

（三）制作五星红旗

1. 教师出示国旗图片，帮助幼儿分析、掌握基本结构。

2. 鼓励幼儿动手制作。

教师拿一张大三角形纸，幼儿每人一张小三角形纸；然后给每位幼儿发一个大的五角星和四个小的五角星，用浆糊粘贴在红色旗面的左上方；最后把棍子用浆糊粘贴在旗面的左边卷起来，就变成了会飘的五星红旗。

（四）欣赏作品

1. 教师播放国歌，幼儿举起自己制作的红旗，做挥动的动作，同时互相欣赏别人的作品。

2. 歌声中结束活动。

四、活动反思

幼儿对于我们的国旗——五星红旗还是有一定程度的认识的，能比较清楚地回答教师提出的一系列问题，并很乐意表达自己的意见和见解。总的来说，整个学习、讨论、操作的氛围还是不错的。

活动6：安堂古迹——大石鼓

一、活动目标

1. 培养幼儿专注的倾听习惯。

2. 鼓励幼儿根据故事发生的时间、地点，尝试用隆都话复述故事。

3. 理解故事内容，学习隆都人大胆做事的精神。

二、活动准备

图片、视频、大石鼓的故事。

三、活动过程

（一）导入主题

师：小朋友，你们知道大涌有什么古迹吗？今天我们就来认识一处古迹，看看是什么？

（二）出示古迹图片，引导幼儿观看

1. 师：它有个很好听的名字，叫做大石鼓。你们看看它是什么样子的？你们知道为什么会有大石鼓吗？

2. 教师讲述大石鼓的历史简介。

师：现在，老师就和小朋友讲一讲这个大石鼓是怎么来的。为什么会有大石鼓呢？大石鼓是安堂社区的一条街巷，巷中间有一条如石鼓形状的巨石。居民说，它是安堂的"村胆"。

（三）尝试用隆都话复述故事

1. 这座大石鼓是哪里的古迹？

2. 为什么给它起个大石鼓的名字？

3. 请幼儿根据时间、地点的线索复述故事。

（四）活动结束

教师再用隆都话复述故事，让幼儿更加深入理解故事的内容，学习隆都人大胆做事的精神。

四、活动反思

本次活动幼儿对大石鼓很感兴趣，纷纷讨论大石鼓的外形特征。每位幼儿都能认真听讲，并能理解故事内容，学会了像隆都人那样大胆做事的精神。不足之处是幼儿对隆都话不熟悉，在复述故事时不能用隆都话复述。

活动7：百岁坊

一、活动目标

1. 了解百岁坊的历史价值，培养幼儿爱护文物的意识。

2. 知道百岁坊的地点、由来、特点。

3. 引导幼儿进行作品绘画，激发幼儿热爱大涌的情感。

二、活动准备

图片、视频。

三、活动过程

（一）引导幼儿通过视频观察百岁坊

1. 师：请小朋友仔细看看图上画了什么？你能说出它的名称吗？（在幼儿充分讲述的基础上，教师做相应小结或介绍）

2. 它位于哪里？大涌人为什么要在安堂建这座百岁坊？

3. 这座建筑是怎么来的？

百岁坊建于1624年，到现在已经有384年的历史。这牌坊为什么叫"百岁坊"呢？传说安堂自建村以来从来没有一位老人超过一百岁，而到1624年，安堂村终于有一位老人达到100岁，于是明朝的皇帝就在安堂村口建了这座牌坊，并赐名"百岁坊"。

百岁坊由四根柱子撑立着，有三个出入口，中间大，两边较小。这座牌坊以花岗岩雕凿而成，上面刻着惟妙惟肖的图案。牌坊大约高7米，正面写着"安堂"两个字，背面写着"百岁流芳"四个字，正面左右横匾刻着"山高、水长"，牌坊两根中柱刻有对联"日月升恒，百岁流芳"。

每当提起安堂，人们就会想起百岁坊，它已经成为安堂村的标志，同时也是历史的最好见证。

（二）进一步激发幼儿热爱大涌的情感

1. 你喜欢大涌吗？为什么？

2. 幼儿先了解百岁坊的结构，教师简单地画出。

3. 鼓励幼儿尝试画出来，激发幼儿的兴趣。

四、活动反思

当我在活动中了设计一些关于百岁坊的问题时，幼儿的兴趣非常高，各个勇于发言，表达自己的想法和知道的有关百岁坊的知识。在绘画中，不仅让幼儿养成了良好的行为习惯，同时也将他们爱祖国的情感表露无疑。

活动8：安堂石板街：

一、活动目标

1. 通过活动知道石板街的特征。

2. 知道石板街的地点、历史时间，鼓励幼儿大胆地用自己的语言表达参观石板街后的感受。

3. 通过绘画的形式让幼儿大胆想象，设计自己心中的石板街。

二、活动准备

石板街图片、手工石板街图片；制作石板街的材料（剪刀、硬卡纸、胶水等）；展示作品台。

三、活动过程

（一）图片导入，引起幼儿兴趣

师：你们见过大涌的石板街吗？我们一起来看看这些照片，看看石板街到底是什么样子吧！

（二）出示石板街图片，引导幼儿认识石板街，了解石板街的地点、历史由来

1. 师：石板街位于安堂村，始建于清代。现在安堂的石板街为"双桂大街"，约宽2.5米，长1000米，石板街两旁有很多不同风格的建筑，其中有许多是古祠堂和古庙宇，是我市保存良好的古旧街道。现在这些古祠堂、古庙宇或闲置，或出租给外来务工人员居住。

2. 石板街名字的来源。历史悠久的地面由一块块大石板砌成，故又得名石板街。

3. 石板街的作用。石板刻意砌成一块稍高、一块稍低，有防滑作用，以免下雨时因路面湿滑造成危险。

（三）通过制作石板街，设计自己心中的石板街

师：小朋友，现在我们自己来设计石板街。老师准备了做石板街的材料（硬卡纸），你们可以用它们来制作自己喜欢的石板街。选好你需要的材料开始动手做吧！

指导幼儿利用剪刀剪卡纸，将剪好的石板街粘在白纸上，做成一条路的样子。（也可以两人分工合作，一人剪，一人粘在纸上）

（四）交流分享

师：你是怎样设计石板街的？跟图片上的石板街一样吗？

先请个别幼儿展示交流，再鼓励幼儿之间相互交流分享。

四、活动反思

经过本次活动，幼儿基本能大胆想象如何设计自己喜欢的石板街，在设计中认真对待自己的作品，个别幼儿会参照一些图中的石板街进行设计。分享交流中，幼儿能大胆地说出自己的设计理念，并能说出在设计时遇到的困难。

活动9：大涌牌坊大集会

一、活动目标

1. 知道大涌牌坊的地理位置，激发幼儿对家乡的自豪感。

2. 知道各村口牌坊的意义和作用。

3. 激发幼儿热爱大涌的情感，并进行绘画。

二、活动准备

大涌牌坊的图片。

三、活动过程

（一）谈话导入

教师提问：

（1）你们有见过牌坊吗？

（2）你在哪里见到的呢？

（3）是什么样子？

（二）教师边出示大涌牌坊的图片边讲解

1. 出示安堂牌坊，提问：

（1）你们知道这是哪里吗？

（2）这座建筑叫什么？

小结：教师讲解此牌坊的来由。

2. 出示南文牌坊，提问：

（1）你们知道这是哪里吗？

（2）这座建筑叫什么？

小结：教师讲解此牌坊的来由。

3. 出示岚田牌坊，提问：

（1）你们知道这是哪里吗？

（2）这座建筑叫什么？

小结：教师讲解此牌坊的来由。

（三）激发幼儿热爱大涌的情感，并进行绘画

1. 今天认识了哪些牌坊？

2. 请幼儿选出感兴趣的牌坊进行绘画。

3. 教师进行帮助。

四、活动反思

幼儿知道古牌坊，但对古牌坊的知识是非常缺乏的。《纲要》中指出，只有让幼儿了解家乡才能热爱家乡。在本节活动中，幼儿比较感兴趣，活动中气氛也很活跃，师生互动良好。

活动10：参观隆都民俗馆

一、活动目标

1. 培养幼儿热爱家乡文化的情感。

2. 知道隆都民俗馆的建造时间、地点和建馆的意义。

3. 了解隆都民俗馆的特色文化环境，感受隆都人的勤劳与智慧。

二、活动准备

民俗馆图片、参观民俗馆照片、民俗工具照片、手工材料（橡皮泥、泥胶板）等。

三、活动过程

（一）谈话导入

1. 师：小朋友，你们的家乡在哪里啊？有什么好玩的地方呀？

2. 师：你们在大涌见过好玩的民俗馆吗？在哪里？

3. 师：在民俗馆里面有好多的民俗工具，我们一起来看看。

（二）通过图片了解隆都民俗馆

1. 师：小朋友，你们看这里是哪里啊？（隆都民俗馆）这个地方在哪里啊？（文化广场侧）

2. 师：小朋友，你们看这个隆都民俗馆怎样啊？是不是旧旧的？那你们知道这个隆都民俗馆是什么时候建的吗？（2000年6月）

3. 出示参观图片，知道隆都民俗馆的建馆意义。

4. 师：小朋友，你们知道隆都民俗馆里面有什么吗？（出示图片）隆都民俗馆里面有很多很久以前的东西，主要分成三大类：民居展、民间风俗展、传统农具展，共展出实物190多种，600多件。（教师出示图片，每类出示几个具有代表性的实物照片）

5. 师：小朋友，你们知道为什么隆都民俗馆有这么多的故事吗？是因为很久以前，我们的经济不发达，人们为了生存，就通过自己的智慧发明了这么多的东西。这些都是在以前人们用的、吃的东西，收集在隆都民俗馆里供游客们参观。隆都民俗馆展示了隆都地区传统民居建筑风格、民间习俗和传统农业耕作，是我们隆都传统文化的缩影，也是我镇的爱国主义教育基地。

（三）活动小结

师：小朋友，今天我们认识了隆都民俗馆，你们知道它是哪里的了吗？你们下次和爸爸妈妈一起去隆都民俗馆看一看、玩一玩，好不好？

四、活动反思

让幼儿了解隆都民俗馆的特色文化环境，激发幼儿对民俗文化的兴趣。在活动的过程中，幼儿进行手工制作，玩得不亦乐乎，互相探讨。

教育实例　本土文化区域活动

活动1：隆都美食店

一、活动目标

1. 喜欢参加"小吃店"的游戏，能积极参与游戏中，并表现出愉快的情绪。

2. 会根据意愿选择自己喜欢的游戏和角色，并明确自己扮演角色的分工和职责。

3. 根据教师创设的环境，能将各种小吃及游戏道具分类整理、摆放。

二、活动准备

视频、面粉、叉子、碗、碟子、厨师帽、围裙、隆都美食图片（金吒、角仔、叶仔等）

三、活动过程

（一）了解小吃的名称、制作步骤

出示图片，让幼儿知道有哪些隆都小吃。提问：

（1）小朋友，你们吃过哪些美食？

（2）你们吃过隆都美食吗？

小结：隆都美食除了金吒、角仔、叶仔等，还有很多其他的美食。

（二）材料准备，幼儿选择区角

1. 幼儿选择自己喜欢的角色。

2. 幼儿动手操作。

（三）幼儿进行活动，教师指导

1. 引导幼儿根据自己的喜好选择所扮演的角色，并能与同伴轮流游戏。

2. 幼儿进入区角活动，教师引导幼儿能根据工作步骤和顾客就餐的程序进行活动。

（四）活动结束

听音乐收拾材料，并分类摆放好。

（五）小结

1. 说说今天游戏中小吃店的厨师、服务员做了哪些事情？喜欢哪个角色，为什么？

2. 教师把幼儿在进行游戏过程中的照片拿出来，说一说好的地方在哪里。

3. 邀请个别幼儿看自己的照片，告诉大家自己做了什么？

四、活动反思

以区域活动的形式让幼儿了解隆都的美食，激发幼儿产生自己是隆都人的自豪感，培养幼儿爱家乡的情感。在制作美食中，幼儿兴趣浓，对于个别幼儿还要多关注，多给予表现的机会。

活动2：畅玩隆都童谣

一、活动目标

1. 感受隆都童谣语言的韵律美，喜欢用隆都话朗诵童谣。

2. 学会隆都童谣《行渡渡》《螃琪琪》等。

3. 提供不同体裁的儿童文学作品，让幼儿演绎、游戏。

二、活动准备

各种服装、麦克风、乐器、童谣图谱。

三、活动过程

（一）隆都童谣

1. 复习所学的童谣，让幼儿回顾。

2. 幼儿能大胆表演童谣。

3. 乐器的使用。

（二）通过游戏，激发幼儿兴趣

1. 幼儿自行组合，大胆表演。

2. 幼儿自行分配角色。

3. 小结。

（三）游戏《隆都小剧场》

1. 幼儿自主选择搭档组合，选择自己喜欢的服装。

2. 主持人报幕，表演者出场。

3. 幼儿有感情地表演隆都童谣、隆都诗歌、隆都小唱。

（四）结束活动

幼儿收拾服饰、乐器，在指定位置放好。

（五）小结分享

1. 师：小朋友，你们在表演的时候有遇到什么困难吗？

2. 师：你们需要多增加点乐器进行表演吗？

3. 教师出示照片，邀请幼儿分享自己表演了什么。

四、活动反思

本次活动幼儿能大胆地表现自己，但个别幼儿还不熟悉童谣，配合度较低，个别唱童谣的幼儿和用乐器伴奏的幼儿没跟准节奏进行表演。所以，接下来的环节我利用图谱和动作让幼儿理解童谣的内容，使幼儿能看着图谱加上相应的动作来朗诵童谣。

活动3：民间游戏

一、活动目标

1. 通过玩民间游戏，感受游戏中规则的重要性。

2. 掌握跳皮筋的方法，对民间体育游戏感兴趣。

3. 锻炼幼儿双脚协调地跳，通过自主活动、相互学习，培养合作精神，体验合作游戏。

二、活动准备

短橡皮筋4根、长橡皮筋3根、童谣《马兰开花》。

三、活动过程

（一）导入

师：小朋友们，老师今天给你们带来了一位新朋友。这位朋友长得细细长长的，拉起来有弹性，关键是它还会变魔术呢，尤其是在我们女孩子的脚下会变出很多的花样。你们猜一猜，这位朋友叫什么名字？（橡皮筋）小朋友们真聪明，马上就猜出了它是大家都喜欢的橡皮筋。橡皮筋有许多种玩法，大家想不想和它玩一玩呢？我们今天就和橡皮筋一起做游戏。

（二）玩法和规则

1. 幼儿3人一组，1号幼儿跳，2、3号幼儿撑皮筋，依次轮流。

2. 要边跳边听童谣《马兰开花》，在跳到童谣念到101时，双脚跳出橡皮筋。

3. 3位幼儿都跳完后，教师收回橡皮筋，幼儿按顺序排队。每一位幼儿必须遵守游戏规则，每组1号幼儿来领取橡皮筋，拿到橡皮筋后和自己同组的幼儿开始游戏。

（三）游戏比赛

师：小朋友都会跳了吗？好不好玩？小朋友想不想跳皮筋比赛呢？我们现在分为红蓝两队，跳法和刚才是一样的，单脚内外跳。现在老师讲一下游戏规则：

1. 幼儿6人一组，分成两组进行比赛。3人撑皮筋，3人跳皮筋，跳完以后两组幼儿交换位置。

2. 边跳边听童谣《马兰开花》，在跳到童谣念到101时，双脚蹦出即为完成。

3. 跳错的幼儿将被淘汰出局，淘汰的幼儿到老师这边等候。

4. 最后哪一组没有淘汰的幼儿多即为胜利。

（四）结束

师：小朋友今天玩得开心吗？下次我们学习更多的跳法，再来比赛好吗？

四、活动反思

童谣的选择可以有所改进，可以用多种童谣来一起练习，也可以采用幼儿喜闻乐见的生活童谣，甚至是自创童谣。跳的形式可以根据幼儿的实际情况做调整，增强跳的趣味性，加强对童谣的熟悉。

活动4：美丽大涌

一、活动目标

1. 了解"桥"的整体构造，学会根据简单的平面图进行建构。

2. 能运用围合、搭高、拼插、对称等方法搭建桥，尝试与同伴商量合作。

3. 大胆使用辅助材料进行建构。

二、活动准备

各种建构材料、各种桥的图片。

三、活动过程

（一）与幼儿讨论

出示"桥"图片，激发幼儿兴趣。提问：

（1）你们都见过这些桥吗？你们见过的桥都是什么样的？

（2）这些桥可以用什么材料来搭建呢？（讨论不同材料的建构方法）

（二）与幼儿共同讨论

1. 为什么人们要建造桥？

2. 师：今天我们要设计一个河道，然后架上我们建构好的桥。小朋友想一想，我们需要做些什么事情？

一组：运用各种积木在河道上直接搭建大桥，并将事先建构好的作品进行合理布局；二组：拼插河道两边的楼房；三组：负责河道的绿化。

（三）幼儿分组建构，教师根据幼儿情况巡回指导

1. 引导幼儿运用已有经验建构出桥的主要特征，注意造型美观。

2. 引导幼儿分工合作，爱护同伴作品，不争抢。

（四）幼儿自主游戏，教师根据幼儿游戏情况做指导

1. 引导幼儿利用已有经验建构出桥的主要特征。

2. 引导幼儿分工合作，进行建构游戏。

（五）幼儿将所建构的作品展示在场地上，教师引导幼儿一同观看

仔细观看并提问：

1. 你们都用了哪些材料搭建桥？

2. 是不是每种材料都可以搭建桥呢？

3. 你们觉得哪里好看？为什么？

（六）将幼儿作品放在班级展览，教师与幼儿共同评价

1. 请幼儿介绍自己的作品。（用了哪些材料、为什么会想到要这样建）

2. 幼儿评价分享自己喜欢的作品。

四、活动反思

分组可以在教室内完成，这样会比在场地上分配次序好许多。搭建时要提醒幼儿注意桥的造型，桥两头可以是对称的，桥墩要搭牢固些。搭建桥时发现现成和半成品的材料较少，出现争抢玩具的现象。教师可以多提供一些辅助材料，引导幼儿学会自己解决问题。

活动5：隆都人家作客

一、活动目标

1. 了解角色扮演，培养幼儿的友好合作关系，体验游戏的乐趣。

2. 培养幼儿与别人交谈时自然大方、有礼貌的态度与习惯。

3. 以游戏的形式培养幼儿的语言表达能力、交往能力，能在游戏中不断强化游戏的规则，爱护公物。

二、活动过程

（一）谈话入题

1. 师：小朋友们，你们到别人家里去做过客吗？可以把你做客的经历和大家分享一下吗？你们知道到别人家中去做客要注意些什么吗？

2. 幼儿自主分配角色，布置游戏场地。

各幼儿做好自己角色的装扮工作，如隆都人家的成员在家里做美味的隆都美食，妈妈穿好围裙，奶奶拿好制作隆都美食的材料到厨房处帮妈妈制作隆都美食，爷爷和爸爸也凑热闹一起制作美食，叔叔和表姐、表妹准备去拜访，大家一起挂上"隆都人家"的横幅。

（二）幼儿游戏，教师以客人的角色参与并指导游戏

1. 隆都人家的成员制作隆都美食。

爸：今天难得放假，不如一起在家里做隆都美食好吗宝宝？

宝：好呀好呀！我最喜欢吃了！

合：那就开始动手吧！

2. 客人来访，接待客人。

3. 隆都人家成员与叔叔一家人分享制作美食的过程。

4. 叔叔和爸爸到隆都美食店打包。

5. 与客人一起分享隆都美食。

6. 欢送客人。

（三）活动结束

听音乐收拾场地。

三、活动反思

本次活动激起了幼儿的兴趣，让幼儿了解去朋友家做客的基本规则和礼仪。通过看一看、说一说，引导幼儿学做一个有礼貌的小客人，丰富幼儿的做客经验。

活动6：大涌一日游

一、活动目标

1. 巩固幼儿的知识，加深幼儿对大涌文化古迹的认识，提高幼儿学习方言的兴趣。

2. 了解旅行前要准备的物品，丰富日常生活经验。

3. 在游戏过程教育幼儿有秩序地玩游戏，遵守游戏的规则，对人要有礼貌，发展幼儿的语言能力。

二、活动准备

自制旅游巴士、旅游包、自制钱币、饰品、相机。

三、活动过程

（一）教师以谈话的方式引出游戏

与幼儿谈话，引出游戏。

师：你们喜欢旅行吗？去过哪里旅行？今天呀，老师当导游，你们当游客，我们一起到大涌一日游吧！

（二）分工合作地布置场地，主动为自己进行角色打扮

1. 幼儿听音乐，集体将旅游巴士、旅游包、自制钱币、饰品、相机摆放到指定的地方。

2. 幼儿自由地为自己塑造模特的形象。

（三）幼儿游戏，教师以导游的角色参与并指导

1. 教师以导游的角色融入游戏，指导幼儿游戏。

2. 导游组织模特团的游客上旅游巴士，准备出发。

3. 第一站目的地：古迹一条街

4. 第二站目的地：方言小剧场。

5. 大涌一日游结束，导游组织游客回旅游巴士，乘坐旅游巴士回去。

（四）游戏结束

播放音乐，集体收拾场地。

四、活动反思

本次活动对于个别幼儿有些难度，他们对大涌古迹文化还不太熟悉。因此，教师重点关注幼儿的倾听，不强求一定要说出名称。

活动7：大涌墟

一、活动目标

1. 感受大涌墟的热闹气氛，体验自主玩耍的乐趣。

2. 培养幼儿卖东西的技巧和与人交往的语言表达能力。

3. 通过参观大涌墟来丰富幼儿的生活经验。

二、活动准备

各种日常生活废旧品、钱罐、桌子、工作牌、围裙、钱币等。

三、活动过程

（一）谈话导入

出示大涌墟的图片，根据幼儿的经验，教师启发幼儿拓展经验进行讲述。通过谈话，激发幼儿赶墟的兴趣。

（二）活动内容

幼儿自主分配角色，布置游戏场地，引导幼儿去找自己喜欢的摊位并把摊位需要的东西整理好。让幼儿能自觉地布置、整理好自己的东西等待游客的到来。

（三）幼儿活动，教师以角色（工作人员）参与并指导活动

1. 饮料区：让幼儿把饮料分类，游客来到能礼貌地介绍自己的饮料。

2. 蔬菜区：让幼儿把蔬菜分类，知道怎样介绍自己的蔬菜，游客买后能礼貌地说"谢谢"。

3. 水果区：让幼儿自觉地把水果分类，知道怎样介绍自己的水果。

4. 生活用品：把物品分类，能自觉地招揽游客，并介绍自己的产品。

5. 厨房用品：让幼儿知道自己的摊位怎样摆，并介绍自己的产品。

6. 美食区：一部分幼儿制作隆都美食，一部分幼儿叫卖并吸引游客买。

（四）活动结束

听音乐收拾场地。

四、活动反思

幼儿在现实生活中自由购物的机会不多，但经常陪家长购物的幼儿较有经验。活动中让他们将所见所闻运用到实际，在游戏中学习并得到经验的提升，让幼儿感受到大涌墟热闹的气氛。

侨心润童心——运用本地华侨
文化开展幼儿德育教育

大涌是中山的重点侨乡，华侨历史源远流长。据记载，大涌自北宋景炎元年（1276）始便有人出国谋生。据2002年的侨情统计，旅居海外及港澳台等39个国家及地区的大涌籍乡亲有2.9万人，遍布世界五大洲。多年来人才辈出，在海外政界、经济界、科技界等涌现出不少杰出人士，是大涌存放海外的一笔巨大财富。而华侨创业、革命、奉献、追求发展、团队协助、爱国、爱乡的精神，一直以来都是大涌乡土文化的重要组成部分。我们利用本土丰厚的华侨文化资源，丰富幼儿园的乡土教育内容，引导家长、教师、幼儿共同感受华侨先辈爱国、爱乡、勇敢、勤劳、节俭的精神，从而点燃幼儿的感恩之心，让家乡的本土华侨文化精神走进幼儿年幼的心，真正促进幼儿的全面发展、和谐发展。因此，开发和利用大涌华侨文化教育资源在幼儿园的教育过程中有着重大的实践意义。

华侨的品质是永恒的学习内容，将这些身边人的事迹进行整理，是极富教育意义和价值的德育资源。幼儿德育是幼儿园教育的重要组成部分，其目的在于将良好的道德品质内化为自身修养，为幼儿一生的发展奠定坚实的基础。研究者对"如何将基于本地华侨文化的幼儿德育生活化"进行了探索，让幼儿在生活中体验、内化，让华侨先辈诚信、知礼、感恩、刻苦、勤劳、节俭、自立、自信的精神滋润幼小的心灵，为幼儿一生的发展奠定坚实的基础，真正实现了侨心润泽德行。

一、基于本地华侨文化的幼儿德育教育生活化价值

1. 华侨文化是极富教育意义和价值的德育资源

华侨文化是中华文化的分支及重要部分，华侨们艰苦创业、奋发有为、心

系家国、回报桑梓的拳拳之心和赤子之情铸就了丰富的华侨文化，"进取、勤劳、开放、包容、奉献"是华侨文化的精髓。华侨文化的涓涓细流汇入中华民族文化的源远长河，涌起一朵朵跳跃的浪花。我园地处侨乡，利用本土丰富的华侨文化资源，丰富幼儿园的德育教育内容，提高幼儿良好的道德品质，真正促进幼儿的全面发展。

2. 德育生活化是幼儿年龄特点和身心发展的需要

陶行知的生活教育理论从中国国情出发，提出"生活即教育""社会即学校""教学做合一"等三大理论主张。主张教育要与社会生活相联系，与生产实践相结合，按社会生活前进的需要实施教育，打破学校与社会之间的隔阂，使教育回归生活。陶行知的教育思想具有突出的民族性、平民性、大众性和实践性，很多观点与现代教育的本质要求和价值追求内在相通，对当代教育具有重要的启示意义。把陶行知"生活教育理论"的思想引入幼儿德育教育实践，从与幼儿生活息息相关的环境和活动入手，寻找与探索"德育生活化"在幼儿德育工作中的实施策略，实现生活与德育教育的有效结合。

二、运用本地华侨文化开展幼儿德育教育生活化策略

德育是幼儿教育的重要部分，运用本地华侨文化开展幼儿德育生活化教育，从培养幼儿友好相处、互相关心、乐于助人、爱家爱乡爱国等良好品德，提高幼儿整体素质出发，潜移默化地影响了幼儿的身心健康成长，丰富了幼儿的社会生活经验，传承了大涌华侨浓浓的报国心、故乡情和催人奋进的精神，实现侨心润童心的教育目标。以幼儿德育生活化为目标，探索运用本地华侨文化实现幼儿德育生活化的有效办法。

1. 挖掘本地华侨文化资源，让幼儿德育教材生活化

（1）编辑《大涌本地华侨文化资源素材集》。通过走访长者、上网查阅，以及到大涌自然村落、学校、医院等地实地拍摄华侨捐资兴建的楼房、桥梁等有关大涌华侨文化资源素材，搜集、分类、筛选出适合幼儿的、幼儿感兴趣的学习内容，编辑成《大涌华侨文化资源素材集》，确保所开发资源的适宜性和可用性。

（2）创编本地华侨文化幼儿德育园本教材。遵循幼儿的学习方式和认知

特点，根据《大涌华侨文化资源素材集》移民海外、艰苦创业、文化传承、浩气长存、情系乡梓等五大部分内容，创编了本地华侨文化主题德育教育园本教材。包含"主题教学活动设计汇编""故事华侨活动设计汇编""主题区域游戏活动设计汇编"，使丰富的大涌华侨文化在各主题的学习活动中变得浅显而有趣。制作成《侨乡·侨韵·侨情》生活化德育教学课件，为开展德育生活化教育奠定了基础。

2. 创设华侨文化教育环境，让幼儿德育氛围生活化

校园文化对幼儿德育教育有着不可忽视的陶冶作用，浓厚的校园文化氛围是熏陶和感染幼儿健康成长的沃土和摇篮。我园在创设本地华侨文化环境中，结合华侨文化主题分类，创设具有社会生活气息的教育氛围，使幼儿在这种生活氛围中体会到道德生活，形成良好的道德规范。

（1）总体规划体现现代教育与人文精神的结合。对华侨文化教育环境建设的文化设计，对幼儿园建筑物进行总体规划，如楼梯、过道、墙面、绿化，充分展示其文化内涵，使总体规划体现现代科学与人文精神的结合。

（2）"一主题、一特色、一亮点"景点式文化氛围的营造。通过精心设计，创设互动式、生活化的景点式情景，每处情景都是一道美丽的风景线。华侨文化长廊和展览馆注重体现本地华侨历史文化主题：华侨文化楼梯景点在"家乡美——侨乡大涌"主题上下功夫。以侨乡大涌的特色产业、景点、民俗为主线，创设了"创客木工坊""宏伟建筑——大涌红博城""美丽岛——陆泉沙""隆都里美食馆"等主题景点。通过实景图、食物、情景等形式，展示浓缩版、精华版的大涌侨乡文化。班级教育环境体现游戏化、生活化教育功能，如小班在"娃娃家"游戏区提供了各种各样的服饰、布娃娃，幼儿通过游戏进行主题、环境、材料的互动学习。

3. 以华侨专题活动为载体，让幼儿德育体验生活化

德育生活化意味着德育过程就是生活过程。每个人思想品德的成长往往源于对生活的感悟以及在生活中形成对道德要求的认同。在幼儿德育教育中，以华侨专题德育活动为载体，注重本地华侨文化的融入，让幼儿参加到各种活动中，并在活动中获取德育实践的机会，完成道德认识、道德情感和道德行为的自我构建，将德育生活化有效地落实。

（1）"华侨故事"德育绘本阅读活动。在活动中注重教学做一体，培养良好的道德行为习惯。如大涌华侨故事《铁人的一天》绘本阅读活动，把本地华侨文化中有着深刻教育意义的品德道理融进幼儿活动，让幼儿在活动中通过教学做一体受到优秀品德的熏陶，从而在潜移默化中影响幼儿一生的品德。

（2）华侨文化主题区域活动。将大涌华侨文化内容与区域游戏活动有机结合，提供多样性、层次性、生活化等蕴含华侨文化元素的区域游戏材料，提升幼儿良好的道德素养。如"侨乡文化——大涌红木"，投放了"我的家""各种各样的木头""拼图形""漂亮的红木家具"等各种材料。教师组织活动，有效指导，引导幼儿积极主动地学习，让幼儿在轻松、愉快、自愿的状态下，通过自身的探索与多层次的材料环境发生相互作用，从而获得有益的发展。

（3）侨乡快乐旅游研学活动。教育的根本任务只有一个，就是立德树人。研学旅行体验不同的自然和人文环境，这一点恰恰暗合了陶行知倡导的"教学做合一"。这些活动从幼儿出发，充分考虑幼儿的认知水平、情感需要和行为特点，活动的开展营造了华侨文化德育教育的氛围，激发幼儿爱家乡的情感，使幼儿在潜移默化中受到教育。如"侨乡——红博城快乐游"，幼儿来到红博城，参观着这个集岭南、江南、徽派、仿古建筑风格于一体的古典中式建筑群落，看到会议展览中心、"千年走一回"博物馆群落、岭南文化街、岭南匠艺廊、红木家具展销中心、红博城酒店组团、红木产业总部大厦、隆都里新人文体验美食街区、非遗印象园等小景点。游览结束后，幼儿意犹未尽，游兴颇浓，期待着下次还可以再来。

三、"故事华侨"绘本阅读活动的实践

我们将适合幼儿、幼儿感兴趣的大涌华侨文化资源融入园本教育课程，探索大涌本土华侨文化在幼儿园"故事华侨"绘本阅读活动中的实践，为幼儿打造一个认识、学习、传承大涌华侨文化的美丽桥梁，真正实现"侨心润童心、童心印侨心"的教育目的。

1. 基于大涌华侨文化资源与创编绘本的设计模式

绘本是由图画文本和文字文本共同构建、图文并重的书籍形式。绘本的图画直观形象，文字简洁明快，可以把很多品德道理透过有趣的绘画、简练的文

字传达给幼儿。因此，我们尝试把大涌华侨文化中有着深刻教育意义的资源创编成绘本，形成大涌华侨文化乡土教材——"故事华侨"系列绘本。

以绘本为传承载体，将大涌华侨文化与绘本巧妙结合，通过挖素材、编故事、画绘本，构建"一主题、一故事、一品质、一绘本"的绘本设计模式。

一主题：挖掘适合幼儿、幼儿感兴趣的华侨文化资源，把华侨文化中涉及友情、亲情、勇敢、生命尊严、爱国爱乡的感人事迹，按"移民海外""艰苦创业""文化传承""浩气长存""情系乡梓"等主题分门别类进行整理，由此形成了《大涌华侨文化资源素材集》。

一故事：利用适合幼儿的、幼儿感兴趣的华侨历史故事、人物传记等，创编成语言生动活泼、语句简短、趣味性强的儿童故事。

一品质：每个"故事华侨"都蕴含大涌华侨的优良品质，通过故事的人物、环境、情节，体现华侨先辈勤劳、包容、博爱的精神品质。

一绘本：根据幼儿的年龄特点，运用各种手法，或水彩，或剪贴，或绘画，创作生动的绘本画面。在图与图之间呈现独特的叙事关系，表达丰富的大涌华侨故事内涵，让幼儿在绘本中了解、发现华侨故事中的真善美。

例如，以大涌华侨余金晃的事迹创编成的故事绘本《铁人的一天》，我们按照上述的"一主题、一故事、一品质、一绘本"的绘本设计模式进行创编。

第一步，一主题。大涌本土华侨余金晃从小就离开家乡到了澳洲，年少的余金晃在异国他乡遭遇了语言、技术等困难，但他有着顽强的意志，克服了种种困难。我们就突出余金晃吃苦耐劳、刻苦学习的主题。

第二步，一故事。把余金晃早年勤奋好学的事迹，根据幼儿的年龄特点和生活经验，巧妙组织生活化的情节，使用儿童化的语气，运用幼儿熟悉的词汇和语句结构创编成故事。

第三步，一品质。着眼幼儿的习惯养成教育和品德教育培养，把华侨文化教育作为德育新思路，感受华侨的优秀品质，促进幼儿的全面发展。

第四步，一绘本。根据丰富的故事情节，通过绘画的形式呈现生活化、直观化的画面，结合文字绘制成结构完整、内容丰富、深受幼儿喜爱的绘本故事。

"故事华侨"绘本《铁人的一天》

在我们构建的"一主题、一故事、一品质、一绘本"绘本设计模式中，通过丰富的内涵画面与文字两种媒介，充分表达华侨文化的主题。在有限的篇幅里，让幼儿清晰易懂地"读"出华侨的高尚品德，从而受到爱家爱乡爱国的教育。

2. 基于运用"故事华侨"绘本开展绘本阅读活动的设计

基于大涌本土华侨文化的"故事华侨"绘本阅读活动，是开展乡土教育的一种有效形式。在活动中，我们设计的绘本阅读活动方式主要有以下几种：

（1）绘本阅读快乐派对，指在教师、家长、幼儿的共同参与下，开展丰富多彩、形式多样的综合性阅读活动。例如大涌华侨故事绘本派对《铁人的一天》，通过开场舞"劳动真快乐"、亲子角色表演、幼儿吹塑纸版画、品尝余金晃打造的招牌菜"一品豆腐"以及亲子游戏"大红花送给您"，把传统、安静的绘本阅读创新成轻松、快乐的派对形式，通过绘本阅读快乐派对把大涌华侨文化融进幼儿的生活。

（2）绘本主题角色游戏，根据幼儿身心发展的规律和学习特点，通过扮演华侨角色、模拟华侨生活化的情景，创造性地反映华侨工作、生活的一种游戏，是幼儿最乐意参加的活动。例如角色游戏《皇冠酒楼》，通过绘本主题活动"华侨名人——铁人·余金晃"，了解余金晃在澳洲创业成果之一皇冠酒楼，以此为素材开展"小小皇冠酒楼"的角色游戏活动。首先，准备用于制作大涌美食的轻粘土，布置餐厅的环境，并帮助幼儿学会扮演和分配角色。然后由幼儿自主、愉快地开展游戏。角色游戏中使幼儿积极参与社会生活的愿望最大限度地得到满足，同时通过幼儿喜爱的角色游戏，创造性地再现绘本的故事内容。

（3）绘本表演"侨苑小舞台"，指运用文学、美术、音乐、舞蹈等多种艺术手段，表演"故事华侨"绘本故事中的人物特点和情节发展，丰富的"故事华侨"绘本资源为幼儿的表演提供了蓝本和源泉。在表演活动中，鼓励幼儿结合自身的生活经验和情感体验，用语言或动作表达其对绘本故事的理解。如《嘟嘟游美丽侨乡——大涌》的绘本，我们以"侨苑小舞台"的表演形式开展了表演活动"读读、走走、画画红博会——别样红木秀"；师生载歌载舞，表演了红木秀《穿越古今，引领时尚》、太极舞《行云流水》、亲子舞蹈《阳光家庭》、国学经典《上学堂》、印尼儿歌《我很开心》、教师舞蹈《精雕百载良才细刻千年文化》等精彩内容。幼儿通过艺术的手段感受华侨可歌可泣的事迹。

3. 创新表现

我园在积累了多年乡土文化教育活动研究的基础上，依托广东省华侨博物馆、广东学前教育协会、中山市教育和体育局、大涌镇编志办的专业指导，结合《农村地区幼儿口语能力的培养》《方言的世界—隆都文化资源的幼儿教育开发》《依托"隆都"文化开发幼儿教育资源的研究》的研究成果，2014年创编了"故事华侨"系列绘本的幼儿园乡土教材。全省幼儿园内率先利用华侨文化开展"故事华侨"绘本阅读活动，丰富了幼儿园的乡土教育内容。由此可见，"故事华侨"系列绘本阅读活动作为乡土教育活动的优势一目了然。

（1）在幼儿方面，通过该活动模式的实践，探索出适合幼儿了解乡土文化的学习方式。大涌华侨文化"故事华侨"绘本阅读活动贴近幼儿生活，容易被幼儿理解和接受，使华侨先辈爱国、爱乡、勇敢、勤劳、节俭的精神在幼儿年幼的心落地生根，培养了家乡华侨文化的认同感，实现"侨心润童心"的教育目标。

（2）在教师方面，自开展"故事华侨"绘本阅读活动的实践研究以来，坚持科研促教、以研促改，教师的综合素质取得了显著成效。围绕课题内容，教师参与挖掘整理大涌乡土华侨文化资源，创编"故事华侨"绘本，设计活动方案，组织各种绘本阅读活动的实践，通过课题研究边实践边学习，边学习边提高，教育科研能力和教育活动水平显著提高。

（3）在亲子关系方面，家长和幼儿共同参与"故事华侨"绘本阅读活动，为学习乡土文化搭建了学习互动平台，促进了家长与幼儿之间的亲子交流与沟通，共同传承了华侨文化。

（4）在丰富乡土教育方面，编辑具有地方特色的乡土教材供幼儿学习，有助于激励他们继承革命传统，培养爱乡爱国的情感。把独特的大涌本土华侨文化引进幼儿园作为乡土教育的内容，为幼儿提供了感受和体验乡土文化的机会，丰富了园本课程内容，对现有的幼儿园教材是一个很好的补充，形成了一套有特色的乡土教育园本课程。

（5）在传承华侨文化方面，华侨文化是中华文化的分支及重要部分，象征的正是千百年来铸就的华侨精神：爱国、勤奋、团结、拼搏、进取……不朽的华侨精神必将是中华民族伟大复兴的有力保证和不竭动力！作为侨乡的我们，有责任去传承华侨文化。通过创编"故事华侨"绘本，设计绘本阅读活动模式，积极开展绘本阅读活动，引导幼儿学习、传承优秀的大涌华侨文化。由此，我们用实际行动，学习传承了华侨浓浓的报国心、故乡情，还有催人奋进的精神。

四、建构华侨文化主题园本课程

（一）利用本土华侨文化培养幼儿的爱国情感与行为品德

《幼儿园工作规程》指出，"萌发幼儿爱祖国、爱家乡、爱集体的情感，培养幼儿诚实、自信、友爱、勇敢、勤学、好问、爱护公物、克服困难、讲礼貌、守纪律等良好的品德行为和习惯以及活泼开朗的性格。"

华侨文化继承了中华民族文化的优良传统，从优秀的华侨文化中挖掘、整合、提炼德育资源，渗透到我园教育活动之中，引导幼儿感受华侨爱国、爱乡、勇敢、勤劳、节俭的品质，让家乡的华侨文化精神走进幼儿年幼的心，激发幼儿爱国爱乡之情，促进幼儿对家乡文化的认同感。

以华侨故事教育活动的形式，让活动与幼儿德育教育联系起来，直观地将华侨的种种优良品质展现出来，引导幼儿从华侨的故事中读出华侨热爱祖国、情系故里，品出华侨吃苦耐劳、勤劳节俭，养成良好的习惯，学会做人做事，学会感恩，逐渐形成良好的个性品质。

（二）探索建构华侨文化主题园本课程

1. 探索建构华侨文化主题园本课程规划

我们以《指南》为依据，挖掘适合幼儿的、幼儿感兴趣的华侨文化元素，结合幼儿园的实际情况进行有创意地探索。以大涌华侨文化为素材，不断学习、提炼、积累，探索建构活动设计与教学组织的基本架构。教师在设计主题活动时打破从"年计划、学期计划、月计划"到"目标、内容、活动"的线性思考方式，用整合的方法组织和安排教学活动，包含主题的产生、主题思考网络、教育与学习目标、可利用的教育资源、周教育活动计划、活动实录等部分。园本课程内容包含主题教学活动、主题区域游戏、主题亲子活动等，教师结合自己班的实际展开主题活动，把华侨文化融入幼儿的一日活动中。

2. 创设富有浓郁华侨文化氛围的室内外环境

为了让幼儿更好地了解大涌的华侨历史文化、侨乡文化，我们设计了"家乡美——侨乡大涌"的主题教育环境。在教室、楼梯转角处和室外风雨长廊等地创设与教育相适宜的互动式、生活化的主题环境。有华侨文化长廊、华侨文化展览馆、海外大涌人轶事坊、大涌华侨出洋之路、海外华侨的节庆等。如"故事华侨阅读区"，教师把场地布置成充满书香的书房，书房的一面墙以大涌华侨故事《铁人的一天》制作的大型绘画作为背景墙，特制的大图书放在背景墙边作为书房的主要衬托，在散发着红木香味的书架上摆满各种儿童绘本，营造富有浓郁华侨文化氛围的阅读环境，幼儿一走进阅读区，就被新颖的环境吸引。

（三）让幼儿学会合作

与人合作是幼儿未来发展、适应社会、立足社会不可或缺的重要素质，从小培养幼儿的合作意识和合作能力是十分重要的。那么，如何培养幼儿的合作意识和合作能力呢？

1. 为幼儿树立合作的榜样

教师在幼儿心目中有很高的威信，教师的言行潜移默化地影响着幼儿。教师之间、教师与保育员之间是否能分工合作、互相配合，会对幼儿产生直接的影响。例如，一教师组织幼儿进行操作活动时，另一教师主动帮着摆放、分发材料；保育员搞卫生时，教师帮着擦玻璃、抬桌子，这在无形中都为幼儿提供了积极的行为榜样。据黄敬源小朋友的家长反映，黄敬源小朋友回家以后，也能和妈妈一起做一些力所能及的事，如妈妈盛饭，他就积极帮妈妈端饭，吃完饭后见到奶奶收碗筷，他就会擦桌子。相反，教师间的某些不合作行为也会对幼儿产生消极影响。因此，教师要注意自身行为，为幼儿树立正确的榜样。另外，同伴也是幼儿观察学习的榜样，教师对有合作行为的幼儿进行积极评价和鼓励，会激发其他幼儿向他们学习的动机，同时，在合作游戏时，幼儿经常通过观察模仿学习其他幼儿的合作行为。因此，教师有意识地引导合作意识、合作能力强的幼儿与合作意识、合作能力弱的幼儿一起游戏，不失为一种树立榜样的好方法。

2. 为幼儿创造合作的机会

在日常生活中，幼儿一同游戏、学习的机会很多，如一起拼图、搭积木、作画、看图书、跳皮筋、玩"娃娃家"等。教师应想办法为幼儿创造、提供与同伴合作学习和游戏的机会，让幼儿在实践中学会合作。比如在组织我班幼儿进行"迎新年"的主题活动时，我要求幼儿在长6米的白纸上创作一幅组合画。有的幼儿画舞狮子、舞龙，有的幼儿画全家吃团圆饭，有的幼儿画放烟花。在这当中，幼儿学习相互协商、互相配合、分工合作。只有这样他们才能在构图上、色彩上、内容上达到协调一致，共同创作出一幅美丽的图画。在玩"娃娃家"的角色游戏中，几个幼儿共同商量分配爸爸妈妈等家庭成员的角色，如爸爸上班、妈妈在家做饭，这样共同商量、友好合作才能使游戏顺利进行下去。体育活动中的小组竞赛，日常生活中共搬玩具筐、共抬桌子、互系扣子、互叠被子，还有大带小的交往活动，都可以为幼儿提供大量学习与实践合作的机会。作为教师，既不要放过每一次让幼儿合作的机会，同时还要有意识地为幼儿创造、提供合作的机会。

3. 教给幼儿合作的方法

幼儿可能不会在需要合作的情景中自发地表现出合作行为，也可能不知如何合作，这就需要教师教给幼儿合作的方法，指导幼儿怎样进行合作。比如，搭积木或玩商店游戏前，应大家一起商量，分工合作；遇到矛盾时，要协商解决问题；当玩具或游戏材料不够用时，可相互谦让、轮流或共同使用；当同伴遇到困难时，要主动用动作、语言去帮助他；当自己遇到困难、一人无法解决时，可以主动找朋友协助，等等。通过这些具体的合作情景，帮助幼儿逐渐获得合作的方法和策略，在合作中学会合作。

4. 让幼儿体会到合作的积极效果

幼儿之间的合作常常会带来积极愉快的结果。例如在数学活动"复习5的组成"中，我在最后部分设计了游戏"找朋友"，让幼儿通过合作游戏"复习5的组成"，既掌握了知识，又体会了合作的乐趣。活动成功、事情做成不仅增进了友谊，对幼儿巩固、强化合作行为进而产生更多的合作行为也是极为重要的。但幼儿自己常常不能明显感觉到，因此教师看到幼儿能与同伴一同友好配合地玩耍，或协商、或询问、或建议、或共享、或给以帮助、或求助，应注意引导幼儿感受合作的愉快，激发幼儿进一步合作的内在动机，使合作行为更加稳定、自觉化。尤其是比较这次合作成功与上次不合作或不能很好合作的不成功，更能使幼儿体会到合作的快乐与必要。

5. 及时对幼儿鼓励、引导

当幼儿做出合作行为，能较好地与同伴合作学习或游戏时，教师要及时地给予肯定、鼓励，如"你能商量着、合作着，真好！""你们俩配合得真好！"教师赞许的目光、肯定的语言、微笑的面容，以及轻抚幼儿的肩膀、对幼儿亲切地点头、跷起大拇指等，都能使幼儿受到极大的鼓励，进一步强化合作的动机，愿意更多地、自觉地做出合作行为。而对不太会合作或缺乏合作意识的幼儿，教师要给予适时地引导与指导，针对不同情况给予不同的建议，如"你要跟他商量着玩呢。""你们都想当老狼，没有人做小红帽，玩不成了，怎么办？""一本书如果是三人一起看，会怎么样？""你跟他说：'咱俩一起合作。'试试。""你可以去帮他一起搭。"在教师积极地鼓励和适宜地引导下，幼儿的合作意识与合作能力会逐步而有效地得到培养。

（四）在传承中充实自我

1. 提高教师专业理论知识

围绕课题内容开展系列主题学习，提高教师的专业理论知识。邀请了广东华侨博物馆、大涌编志办专家来园做"中国华侨历史""大涌华侨发展历史""运用华侨文化开展生活教育的实施策略"等专题学习；安排骨干教师参加省市华侨知识的培训学习，参加广东省华侨博物馆主办的《二十一世纪海上丝绸之路——印尼风》，与姐妹园一起学习交流；深入到大涌自然村落、学校、医院等地方实地拍摄，走访长者，搜集华侨捐资助教、爱国爱乡的事迹；组织教师学习幼儿教育理论、先进的教学经验、幼儿园课程设计和开发、幼儿园教育环境创设等多个方面的知识，提高了教师发现、利用身边文化教育的专业理论知识，树立正确的教育观、儿童观。

2. 提高教师实践能力

搭建"理论学习、集体备课、主题教研、反思交流"的园本教研平台，开展"一课一人三研"与"一课二人三研""人人开课，人人听课"的教研活动，全体教师共同参与听课、评课。如在"故事华侨"绘本活动中，教研组根据平时教学中遇到的问题确定一个教研主题，课前备课交流，认真写好教案。课后先由本人谈教学设计中的几个为什么及教学后的感受，再由听课教师认真评课，提出改进方案，形成自己的教学特色。活动中注重研究的过程和反思，将一些研究出来的好做法及时向全体教师推广。通过这样的研讨，让教师们重新审视自己的教学，反思自己的行为，在学与思、教与研中达到经验的共享，提高实践能力。

3. 提高教师写作能力

举办教育文章写作培训班和讲座，定期开展教师"品读会"分享好文章，帮助教师撰写随笔、教育笔记、教学反思、论文，把日常教学实践的感悟写出来，不断促进教师视觉与思维的敏锐与客观，学会质疑，学会分析，学会选择与运用。同时，定期开展各种论文比赛活动，鼓励教师积极参加各级的论文比赛，并向有关杂志投稿。极大地调动了教师自主学习、自主探索、自主实践、自主提高的积极性，使教师通过反思灵活运用教与学的基础原理，思考、发现、提炼出教学中遇到的问题，并成功地加以解决。教师不断练笔，不断积累经验，不断提高写作能力。

教育实例 侨心润童心

活动1：华侨文化旅行社——大涌一日游

一、活动目标

1. 帮助幼儿了解旅游及旅游的类型。

2. 了解大涌旅游景点，理解侨乡的文化背景。

3. 幼儿学习分配角色，知道每个角色的主要任务，能够使用礼貌用语，体验旅游的快乐。

二、活动过程

（一）了解什么是旅游

师：小朋友，你知道什么是旅游吗？旅游是指人们为了休闲、商务和其他目的，离开自己的惯常环境，到另一个或者另一些地方去旅行和短暂停留，且不会导致定居和就业的一种活动。

（二）旅游的类型

1. 师：旅游的形式丰富多彩，谁知道旅游的类型有哪几种呢？

国内旅游是指一个国家（或地区）的居民在其国家（或地区）的境内所进行的旅游活动。

国际旅游是指一个国家（或地区）的居民跨越国界到另一个或几个国家（或地区）所进行的旅游活动。分为跨国旅游、洲际旅游和环球旅游。

2. 师：小朋友们，你们和爸爸妈妈去旅游过吗？去过哪些地方旅游？

3. 师：今天我们也来玩一个"大涌一日游"的游戏吧，有谁要报名参加的吗？

（三）引导幼儿自由讨论，分配角色

如导游、游客、司机、解说员等，可以和同伴一起商量决定。

（四）提出本次活动的要求

1. 出游的安全，如上下车不推不挤、到每个景点跟紧导游不掉队等。

2. 在游戏中要监守自己的岗位，并能使用礼貌用语。

3. 解说员或导游要大声、大胆地解说景点，游客说话声音尽量轻，不大声喧哗吵闹。

（五）开始游戏，教师在旁指导与观察

1. 导游自我介绍，并介绍到达目的地的背景知识，学习导游自我介绍。

2. 鼓励幼儿使用文明用语，懂得遵守游戏规则。

3. 教师指导策略。

（1）教师故意制造问题让幼儿解决，鼓励幼儿大胆尝试解决，并进行自我调整。

（2）教师参与游戏，带领几个幼儿扮演游客来到每个景区。考验幼儿是否能坚守自己的岗位。

（3）游戏初期，可让有经验的幼儿或能力强的幼儿担任导游或解说员，起到示范、榜样的作用。

（六）小结

整理游戏材料，师幼分享游戏体验，评价游戏情况。

三、活动反思

大部分幼儿在生活中都有过旅游的经历，但那只是纯粹地玩耍，不太了解旅游的真正含义和旅游业里一些角色和人物的职责与任务。但是在游戏的过程中，幼儿都是很投入、很开心的。

活动2：版画制作《中心幼儿园》

一、活动目标

1. 让幼儿了解版画的制作步骤及工具。

2. 试用点、短线和简单的几何图形对中心幼儿园教学楼进行组图、起稿、制版，并学习涂色和拓印的方法。

3. 体验制作版画的独特手法，享受创作版画的快乐。

二、活动准备

版画操作工具、相框、双面胶、音乐《感恩的心》、绘本《嘟嘟游美丽的侨乡——大涌》、吹塑纸、铅笔、白纸、颜料、滚轴。

三、活动过程

（一）观看大涌镇中心幼儿园

1. 师：小朋友，你知道我们幼儿园的建筑都是什么构造的吗？现在老师和小朋友一起参观一下幼儿园是怎样建设的好吗？（教师带领幼儿从幼儿园门口一直参观到教学楼）

2. 师：刚刚我们对幼儿园的建筑重新认识了一遍，那现在我们以版画的形式把它画下来好吗？

（二）出示版画工具，讲述步骤、方法及要求

1. 认识版画的工具。

2. 教师边讲解边示范制作的步骤（着重示范涂色过程）。

（1）在吹塑纸上用铅笔刻画出教学楼的线条。

（2）用滚筒取了颜料在底版上涂色（教师提供几种颜色的颜料，每瓶颜料中放一只排笔，选取颜料进行涂色）。

3. 共同感受华侨对家乡建设带来的变化。

4. 通过各种形式表达对华侨的感激之情。

（三）幼儿尝试版画的制作方法

鼓励幼儿和家长大胆尝试制作版画，提醒幼儿在吹塑纸上刻画线条时要刻得清楚、明晰，涂色时要均匀，拓印时不要移动底版，并按教师的提示有序地进行操作活动。

（四）展示作品，相互欣赏

邀请幼儿把版画作品放到已经准备好的相框底部，并放在展示区进行互相欣赏。

四、活动反思

整个活动幼儿都非常感兴趣，在活动过程中碰到了一些困难都大胆地问老师，如在刻画的时候，刻的纹路不够深，不知道怎么弄等，作品也都完成的各有特色。

活动3：侨乡的变化——宏伟的红博城

一、活动目标

1. 鼓励幼儿大胆表达自己对红博城的感受。

2. 欣赏红博城的建筑文化和红木文化魅力。

3. 让大涌华侨为家乡发展、进步感到骄傲。

二、活动准备

红博城的图片、视频、信纸、信封、邮票。

三、活动过程

（一）谈话导入，激发幼儿了解红博城的兴趣

师：今天老师要带大家去参观一个很漂亮的地方，你们猜是什么地方？

（二）视频欣赏红博城

1. 师：你们有去过红博城吗？我们现在一起去看看红博城。

2. 师：你们觉得红博城的外形像什么？

3. 师：你知道红博城里有哪几个部分吗？

（红木展销中心、会展中心、大师艺术园、隆都博物馆群落、琴棋书画四馆、唐宋明清四大中庭、产业总部大厦、五星红木酒店、产学研科普中心、红木主题邮局、岭南文化骑楼街）

4. 师：你最喜欢参观红博城的哪个景点？为什么？

5. 师：你觉得红博城怎么样？

（三）与海外华侨分享家乡发生的变化

师：美丽的红博城是大涌的标志性建筑，你想用什么方式告诉海外的华侨呢？（幼儿讨论）

1. 给海外的华侨写信。

2. 发微信、微信小视频等。

3. 请爸爸妈妈拍下照片制作成有声影集。

4. 给海外的华侨打电话，邀请他们回来参观红博城。

（四）活动小结

大涌在海外华侨的捐资建设下，让我们有了好的学习环境。我们要学习海外华侨感恩、回馈的精神，好好学习，把家乡建设得更加美丽。

四、活动反思

本班幼儿基本都去过红博城，一说到红博城时，幼儿都很踊跃地回答，能大概说出红博城里都有些什么，也能用自己的语言来形容红博城的宏伟和特别之处。

活动4：阅读绘本《铁人的一天》

一、活动思路

绘本《铁人的一天》描述了大涌华侨余金晃从小离开家乡，在陌生的澳大利亚努力学习、艰苦创业。通过开展阅读派对活动，了解他一天的学习、工作状态，鼓励幼儿面对困难时不怕苦、不怕累、不放弃。

二、活动目标

1. 初步了解绘本内容，学习华侨余金晃吃苦耐劳的精神，对大涌华侨感到自豪，激励幼儿爱家乡的思想品德。

2. 通过华侨故事阅读派对，感受阅读带来的快乐。

3. 培养幼儿有礼貌、大方、大胆、遇到问题能主动思考的能力。

三、活动准备

音乐《感恩的心》、故事PPT《铁人的一天》、余金晃照片及视频、绘本《铁人的一天》。

四、活动过程

环节一：开场舞《感恩的心》。

师：小朋友，我们听着音乐和老师一起来跳跳舞吧。

环节二：绘本分享《铁人的一天》。

1. 出示书本《爱滑冰的关颖珊姐姐》，谈话导入。

师：小朋友，你们还记得她是谁吗？我们大涌华侨关颖珊坚持努力地学习滑冰，拿了许多奖，被大家称为"溜冰皇后"。在我们大涌有很多华侨，今天我们来学习另外一位大涌华侨，他也很厉害，他是谁呢？我们一起来听一听他的故事。

2.教师出示PPT讲故事，初步了解余金晃一天的学习、工作情况。

播放PPT讲上半段故事。

P1：在我们大涌全禄村有一个华侨，他的名字叫作余金晃。他是个非常爱劳动、爱学习的人。

P2：早上。

P3：余金晃早早就起床在菜市场里忙着搬运水果蔬菜。

P4：老板手里拿着早餐一边吃一边说："余金晃，休息一下吧，你还没吃早餐呢！"

P5：余金晃搬着重重的货物走到老板面前，拿着毛巾擦了擦汗。

P6：对老板说："没事没事，你先吃，我先把货搬完，一会再吃。"

P7：到了中午。

P8：大家都在大口大口地吃饭了，朋友们对余金晃说："余金晃，快来吃午饭！"

P9：这时候的余金晃还在学习英文呢！

P10：余金晃对朋友们说："没事没事，你们先吃，我先把书看完，一会再吃。"

P8：下午，天气越来越热，就连太阳公公都热得满头大汗。

P9：而这时候余金晃在餐馆里做厨师！

P10：服务员走过来关心地对他说："余金晃，休息一下吧，你看你汗水一直流！"

P11：余金晃笑呵呵的。

P12：说："没事没事，我不怕，一会儿再休息。"

P13：晚上，天上的星星、月亮都已经休息了。

P14：余金晃还在酒楼里洗碗呢……

（提问：余金晃从早到晚不停地工作，你们觉得他勤快吗？）

P15：有一天，余金晃像往常一样开着嘟嘟嘟的大货车去运货。

P16：可就在他搬货物的时候不小心——砰！

（提问：发生了什么事？）

P17：提问：他摔得怎么样？疼不疼？

P18：余金晃忍着疼痛，坚持把货物送到客户的手上，客户们都非常的开心。

P19：余金晃每天从早到晚不停地工作、学习，做得多、睡得少，不怕苦、不怕累、不怕痛，就像一个机器人，于是大家送给他一个好听的称呼——铁人！

师：我们的故事讲完了，小朋友，我有几个问题想请你们分组讨论一下：你最想学习铁人余金晃的哪个地方？怎样才能让自己成为小铁人？请跟旁边的小朋友讨论一下。

师：你们讨论完了吗？谁来跟我们分享一下。

师：余金晃从小爱劳动、爱学习，小朋友要学习他这种吃苦耐劳的精神！

3. 通过共读华侨故事，深入了解绘本内容，感受共读的快乐。

师：老师给这个有趣的故事取了一个好听的名字，叫做《铁人的一天》。我还给你们带来了小书，等会小朋友们每人拿一本阅读，看看余金晃一天下来都做了些什么工作。

幼儿看完这本书。提问：

（1）故事里的小朋友叫什么名字？他的家乡在哪里？

（2）余金晃一天下来都做了些什么工作？

师：是的，这就是铁人的一天。

通过出示余金晃真实的照片、视频等资料，让幼儿知道这是个真实的故事。

师：余金晃小时候爱劳动，做过许多工作。几十年过去了，现在余金晃已经老了，大家可以叫他余爷爷。我们来看看余爷爷现在的照片。（出示余金晃真实的照片）

五、活动反思

幼儿对故事《铁人的一天》很感兴趣，在活动中也能大胆积极地回答问题，从中学习了余金晃吃苦耐劳的精神。

活动5：余金晃爷爷的一天

一、活动目标

1. 感受余金晃艰苦的生活、工作环境，激发幼儿对余金晃的崇敬之情。

2. 初步了解市场水果蔬菜店、餐馆、酒楼的一些工作人员，知道自己所扮演角色的主要任务。

3. 能积极参与到游戏中，并能表现出愉快的情绪，感受游戏的乐趣。

二、活动过程

（一）出示绘本《铁人的一天》，回忆绘本内容

1. 师：小朋友，你们还记得这本书叫什么名字吗？书里讲的是谁的故事？

2. 师：故事里讲了余金晃爷爷的一天都做了什么事情？

（二）情景表演《铁人的一天》

1. 师：余金晃爷爷一天做了那么多的事情，我们一起来学一学、演一演好吗？

2. 师：你们知道市场水果蔬菜店、餐馆、酒楼都有哪些工作人员吗？

3. 布置市场水果蔬菜店、餐馆、酒楼的场景。

4. 角色分配。

（三）情景表演

师：余金晃爷爷的一天过得很充实，也很辛苦，我们一起来表演余金晃爷爷的一天吧。

第一组幼儿轮流扮演余金晃爷爷在菜市场里忙着搬运水果蔬菜。

1. 在活动过程中，教师引导"小老师"除负责维持"现场秩序"外，还要负责监督正在表演的幼儿是否按规则开展活动。

2. 活动过程中出现冲突时，教师引导幼儿想出解决冲突的办法，如合作、谦让、轮流等。

3. 在活动的过程中提醒幼儿注意安全。

4. 教师在指导过程中要尊重幼儿的意愿，让幼儿快乐游戏。

5. 总结幼儿的活动情况。

三、活动结束

师：我们一起体验了余金晃爷爷一天的工作、生活。在活动中你表演了什么？感觉怎么样？

四、活动反思

幼儿对角色扮演很感兴趣，基本都知道自己所扮演的角色需要做些什么，在活动中也能用礼貌用语来交流，并能快乐地进行活动。但也有个别幼儿不知道自己做什么、怎么做，在那里走来走去，下次我会尽量让每个幼儿都参与到活动当中。

活动6：皇冠酒楼

一、活动思路

余金晃祖籍中山大涌，在澳大利亚经营的"皇冠酒楼"深受当地居民的喜爱，我们以"皇冠酒楼"为主题开展角色游戏活动，让幼儿在游戏中学会使用礼貌用语和就餐的礼仪。

二、活动目标

1. 培养幼儿珍惜粮食、节约粮食的习惯。

2. 让幼儿了解餐厅，进一步了解酒店有哪些工作人员及其各自的责任，并学会与人友好交往，学习基本的礼貌用语和文明就餐的礼仪。

3. 能积极参与活动，在活动中与同伴互相合作，并能感受互动的快乐。

三、活动准备

厨师、服务员的服装；餐具（碗、杯子、筷子、桌布）；厨具（锅、灶台）、餐牌、桌子等。

四、活动过程

（一）导入活动

1. 师：小朋友，你们还记得余金晃爷爷吗？你们知道余金晃爷爷在澳大利亚开的酒楼叫什么名字吗？（皇冠酒楼）今天我们就开展"皇冠酒楼"的活动。

2. 酒楼里有哪些工作人员？他们各自的责任是什么？

3. 师：你想扮演什么角色呢？请说出理由。

（二）分配角色

让幼儿自由商讨角色的分配，如老板、服务员、厨师、顾客、收银员等。

师：小朋友，你想扮演什么角色，这些角色是怎么扮演的？

老板：来回巡视"酒楼"的运作。

服务员：迎接客人、端茶、上菜。

厨师：负责做各种点心。

顾客：点菜、吃东西、付钱。

收银员：收钱。

（三）提出本次活动的要求

1. 要认真扮演角色，坚守岗位。

2. 要会使用礼貌用语。

3. 要自己布置场景，结束时要收拾整理。

4. 结束时要学会评价自己或同伴的活动情况。

（四）教师指导观察

1. 教师故意制造问题让幼儿解决，鼓励幼儿大胆尝试，并进行自我调整。

2. 教师参与活动，带领几个幼儿来到餐厅与"服务员"进行交流。鼓励幼儿大胆报菜名，热情招待顾客。（提醒"顾客"在就餐时不要浪费粮食）

3. 活动初期，可让有经验的幼儿或能力强的幼儿担任厨师、服务员，起到榜样的作用。

4. 教师随机指导，发现有的角色无事可做时尽量找一些事情让幼儿完成，比如让幼儿做金吒、饺子等。

5. 教师在指导过程中要尊重幼儿的意愿，让幼儿快乐活动。

五、活动反思

幼儿对活动很感兴趣，都能积极参与到活动中，特别是对角色扮演厨师和服务员感兴趣。在活动中，幼儿能够互相合作、礼貌待人，还学习了不浪费食物的美德。

活动7：阅读绘本《唐人街》

一、活动目标

1. 以亲子共读的形式了解唐人街的功能。

2. 知道唐人街是华人华侨的家园。

3. 通过绘本亲子派对的形式，可以增进幼儿与家长之间的感情。

二、活动准备

音乐《感恩的心》、绘本《华人华侨的家园——唐人街》、铅笔、白纸、蜡笔。

三、活动过程

环节一：开场舞《我真的很不错》。

师：小朋友，今天老师给你们带来了一段音乐，现在请你和爸爸妈妈听音乐跟着老师一起来跳舞吧。

环节二：绘本分享《华人华侨的家园——唐人街》。

1. 出示绘本《华人华侨的家园——唐人街》，引出主题。

师：亲爱的家长和小朋友，你们喜欢逛街吗？去过哪里逛街呢？今天老师给你们带来了一本好看的书，书的名字叫《华人华侨的家园——唐人街》。什么叫唐人街？它和我们平常逛的街道有什么不一样呢？现在我们一起来阅读绘本吧。

2. 欣赏绘本。提问：

（1）你们知道唐人街是怎样形成的吗？

（2）为什么说唐人街是华人华侨的家园？

（3）你最喜欢唐人街的哪个地方？为什么？

3. 欣赏视频《海外唐人街》，看看视频里的唐人街和想象的唐人街一样吗？哪里不一样？

环节三：亲子绘画——"我为唐人街加油喝彩"。

师：各位家长和小朋友，如果你们要到唐人街去生活，你想在唐人街做哪些事情来传承和发扬中国的文化呢？（讨论）

1. 亲子绘画。

师：现在我们就以绘画的形式把你们所想的画下来吧！

2. 集体分享，作品展览。

师：小朋友，请把你和爸爸妈妈完成的作品摆放在展览区，大家一起分享。

环节四：亲子舞《我真的很不错》，结束活动。

师：小朋友和爸爸妈妈的作品都完成得很棒，再次把歌曲《我真的很不错》送给大家，请小朋友和爸爸妈妈跟着音乐的节奏一起跳起来吧。

四、活动反思

通过活动，幼儿对唐人街有了初步的了解，在课堂中能积极回答问题，家长们也能积极配合，幼儿有时回答不上，家长也能帮助回答。还有部分幼儿的作品很有创造力，能大胆地作画。

活动8：《唐人街》明信片

一、活动目标

1. 了解唐人街的发展历程，激发幼儿制作兴趣。

2. 启发幼儿利用材料大胆制作明信片。

3. 鼓励幼儿大胆展示作品，表达自己美好的情感，体验创作的快乐。

二、活动准备

1. 收集唐人街的明信片，了解明信片的相关知识。

2. 范例3幅；卡纸、绘画工具等制作材料若干。

3. 绘本《华人华侨的家园——唐人街》。

三、活动过程

（一）谈话导入

师：小朋友，你们还记得唐人街吗？什么是唐人街呢？

（二）利用绘本《华人华侨的家园——唐人街》，了解唐人街的发展历程，激发幼儿制作明信片的兴趣

1. 师：你们知道吗，在海外的很多国家都有唐人街，它是华人比较集中的地方。唐人街里面都有些什么店铺呢？

2. 我们一起以唐人街为背景，做一张明信片寄给好朋友好吗？

（三）认识明信片

利用幼儿手中的明信片，引导幼儿认识明信片的特点，了解其发展历程，为制作唐人街明信片奠定基础。

1. 引导幼儿观察明信片，认识其形状、大小、样式。提问：

小朋友，你手里的明信片是什么形状、什么样式的？大小一样吗？

2. 利用课件和图片，引导幼儿认识明信片两面不同的内容和它们的相同点。提问：

明信片的两面一样吗？正面有什么？反面有什么？

（四）引导幼儿自己设计、制作明信片

1. 教师出示自制明信片范例，请幼儿欣赏。

2. 介绍制作材料，交代注意问题。

3. 幼儿分组动手制作，教师巡回指导。

（五）鼓励幼儿大胆展示作品，表达自己美好的情感，体验成功的快乐

1. 请部分幼儿向大家介绍自制的明信片，并说句祝福的话。

2. 幼儿互相介绍自己制作的明信片，体验成功的快乐。

四、活动反思

通过活动，幼儿对明信片有了初步了解，对明信片也很喜欢。在制作明信片的时候，幼儿能发挥想象力大胆操作，部分幼儿的明信片做得很精美。

活动9：唐人街的小小解说员

一、活动目标

1. 学习做唐人街的解说员，了解做解说员的要求，熟悉解说词。

2. 引导幼儿在活动中积极参与，懂得要做一个有礼貌的解说员。

3. 能充分体现自我，在集体面前大声地讲话。

二、活动过程

（一）谈话导入

1. 师：小朋友，这是什么地方呢？（唐人街）你看到唐人街里有什么呢？
（出示图片：皇冠大酒楼、华人学院、社团、东方红木、熊猫邮局）

2. 师：今天，老师请小朋友来学习做唐人街里的小小解说员。

3. 师：小朋友，解说员是干什么的呢？

（二）学习如何做解说员，了解景点的解说词

1. 师：你们知道解说员应该怎么做吗？（礼貌、热情、了解景点的特色、熟悉解说词等）

2. 学习做唐人街里的小小解说员。

（1）教师示范做小小解说员，如客人来到了"皇冠大酒楼"，应该怎么向她介绍。

（2）请个别幼儿示范做小小解说员，教师点评。

3. 请幼儿选择自己感兴趣的景点做解说员。

（三）活动结束

1. 师：今天我们的解说员都很棒，能礼貌、热情地向客人介绍自己负责的景点。

2. 师：现在活动要结束了，下次再跟小朋友一起了解更多名胜古迹的旅游景点好吗？

三、活动反思

幼儿都能参与到活动中，遵守活动规则，但是对解说词不是很熟悉，所以在解说的时候不是很大方，不能大方地表现自己，希望下次活动时幼儿都能大胆地表现自己。

活动10：华侨文化旅行社——唐人街一日游

一、活动目标

1. 让幼儿感受唐人街华侨生活的情景，懂得感恩华侨。

2. 学会与人友好交往，掌握基本的礼貌用语和如何当一个文明游客。

3. 喜欢参加"唐人街一日游"的活动，能积极参与到活动中，并能表现出愉快的情绪，感受游戏的乐趣。

二、活动准备

布置好每个摊位、游戏材料的准备（如包包、假发、墨镜、机票、旗子、假发、服饰、钱等）。

三、活动过程

（一）主题角色活动

教师介绍唐人街的所有摊位及角色，告诉幼儿要开展一个主题角色活动。

（二）分配角色

让幼儿自由商讨角色的分配，如导游、游客、司机、服务员、解说员、迎宾等。幼儿想扮演什么角色，想和谁一起玩，可以和同伴商量。

（三）提出本次活动的要求

在活动之前有几点要求：

1. 在玩游戏时要认真扮演角色，要坚守岗位。

2. 要会使用礼貌用语。

3. 要布置场景、装扮自己，结束时要收拾整理。

4. 结束时要会评价自己或同伴的活动情况。

（四）开始活动

教师在旁指导与观察。

（五）教师指导策略

1. 教师故意制造问题让幼儿解决，鼓励幼儿大胆尝试解决，并进行自我调整。

2. 教师参与游戏，教师带领几个幼儿扮演游客，来到每个摊位。鼓励解说员大胆为游客服务，考验幼儿是否能坚守自己的岗位。

3. 活动初期，可让有经验的幼儿或能力强的幼儿担任导游或解说员，起到示范、榜样的作用。

4. 教师随机指导，发现有的角色无事可做时尽量找一些事情让幼儿完成。

四、活动小结

1. 活动结束，整理活动材料。

2. 请幼儿说说活动的情况。

3. 教师小结。

五、活动反思

幼儿都能积极参与活动，能遵守活动规则，知道自己扮演的角色需要做的事，在活动中能礼貌对人，能大胆表现自己的角色，和同伴做到互相配合。

红木潮流坊——利用本土红木文化
开展幼儿生活教育的研究

"红木"文化之乡——大涌镇，从一根房梁做成的家具到荣获"全国特色小镇"称号，大涌创造了"从无到有"的红木产业传奇。如今，大涌依托深厚的红木文化基础和丰富的地域文化特点，在探索产业升级之路上以"红木+文化"的理念引领，推动全镇从原有生产、制造的"中国红木家具生产专业镇"向"红木+文化、红木+旅游、红木+新业态"的"中国红木文化旅游特色小镇"迈进。

一、幼儿园开展乡土教育的需要

随着社会、文化、经济、科技的迅速发展，大涌本土文化也在不断传承、创新和发展。幼儿园地处大涌这样一个拥有丰富红木文化背景的地区，怎样挖掘、利用本土红木文化资源，渗透于幼儿园教育，让家乡的本土红木文化走进幼儿年幼的心，真正促进幼儿的全面发展。由此，我园将依托"全国红木文化特色小镇"大力建设的有利时机，深度挖掘适合幼儿生活教育的红木文化元素。

二、国内同类课题的研究现状及课题研究意义

1. 国内同类课题的研究现状

随着人们对本土的传统文化越来越重视，红木文化也逐渐走进人们的视野。在一些特色经济地区，如浙江东阳和福建仙游等地，在进行教育教学研究时非常注重发掘本地的特色资源。广东省内利用本土文化资源开展的幼儿教育研究更如雨后春笋般蓬勃，如潮汕地区的幼儿园利用独有的潮汕小吃、节庆装饰工艺、客家山歌等开展了园本教育课程的研究。但以本土红木文化为依托开展教育课题研究的幼儿园，目前仅有我园准备进行比较系统的课题研究。我园

将依托大涌镇建设"全国红木文化旅游特色小镇"的有利时机，开展有关红木文化渗入幼儿教育的实验研究。

2. 课题研究的意义

大涌因红木而兴，在近几年的发展中，定位越来越清晰，目标就是打造"全国红木文化旅游特色小镇"。将这些"红木文化"背后的故事提炼整理，是很有价值的教育资源和精神财富。同时，我们认为"生活即课程、生活即教育、社会即学校"。因此，我园进行《利用本土红木文化开展幼儿生活教育的研究》的实践研究，通过挖掘适合幼儿的、幼儿感兴趣的红木文化元素进行幼儿生活教育，以弥补幼儿园教育资源的不足，开拓幼儿的生活经验，让"红木文化"背后体现出来的诚信、知礼、感恩、刻苦、勤劳、节俭、自立、自信的精神滋润幼儿幼小的心灵，使幼儿更加关心社会、热爱家乡，关注家乡的发展，为幼儿一生的发展奠定坚实的基础。目前，利用本土文化中的红木文化资源开展幼儿生活教育的研究还不多，所以进行本课题研究具有一定的研究价值以及推广价值，具有积极的现实意义。

三、研究目标

通过课题研究，促进幼儿全面和谐地发展。具体目标如下：

1. 通过教学做合一，丰富幼儿的社会生活经验，发展幼儿的社会认知能力，培养幼儿诚信、知礼、感恩、刻苦、勤劳、节俭、自立、自信的良好意志品质和对家乡红木文化的认同感。

2. 创设富有浓郁红木文化氛围的校园环境，发挥环境潜移默化的教育作用，创设有乡土特色的校园文化。

3. 建立红木文化展厅，以此为桥梁开展互动活动，让幼儿在其中受到"全国红木文化特色小镇"美的熏陶，也让幼儿了解大涌的美好变化。

四、研究内容

1. 利用本土红木文化开展幼儿园教育活动。

（1）乡土红木文化生活教育课程的研究。

（2）大涌红木文化"故事红木"绘本阅读活动模式的研究。

（3）"红木主题性区域活动"的研究。

（4）儿童版画的研究

（5）校外游学活动的研究

2. 创设"红木文化"的生活化教育环境，打造以"红木文化校园和班级主题教育环境创设"为文化育人亮点的研究。

3. 以"红木文化"为主题，进行"幼儿园乡土教育"文化节的研究。

五、研究思路

通过对前一个课题《侨心润童心——运用本地华侨文化开展幼儿生活教育的研究》实验成果的总结、分析、研讨，确定了《利用本土红木文化开展幼儿生活教育的研究》课题的研究方向与课题实施方案——制定课题实验计划（建立乡土红木文化生活教育课程、大涌红木文化"故事红木"绘本阅读活动模式的研究、红木文化的生活教育环境创设）——实施课题实验研究——实验反思，调整计划——再次实验——形成经验，总结交流——整理，形成成果，推广应用。

六、研究方法

1. 文献资料法：查阅国内外有关本土红木文化研究的相关理论文献资料，定期组织学习，提高理论水平，更新教育观念。

2. 观察法：通过多种观察形式，真实地记录幼儿的表现，获取研究的第一手资料，为教师对系列教育活动的反思与调整奠定基础。

3. 调查研究法：通过访谈、谈话、评价分析等调查方法，搜集相关资料，全面、客观、公正地再现幼儿的情况，了解课题研究与幼儿、教师、幼儿园发展之间的关系，得出科学、较有说服力的结论。

4. 行动研究法：在研究过程中注意收集反馈信息，及时调整计划与策略，不断将教科研工作引向深入。

5. 经验总结法：运用教育科学理论，对积累的有关本土红木文化的教育经验进行分析概括，努力探索所得经验的实质，力求揭示可供借鉴的规律性的东西。

6. 个案追踪法：各班挑选追踪研究的个案，并实施3—5年的连续跟踪，收集研究过程中的各种资料，揭示其发展变化的情况和趋势，及时调整教育计划与策略。

教育实例 红木潮流坊

活动1：各种各样的红木家具

一、活动目标

1. 欣赏各种各样的红木家具，感受红木的多样性。

2. 能细心观察各种红木的特征，并积极用语言描述。

3. 知道红木家具的用途、材质、价值，并用完整的语言说出来。

二、活动准备

红木家具的图片、制作红木家具的视频、红木家具实物、红木家具工艺品。

三、活动过程

（一）教师出示红木家具图片，幼儿进行看图讲述

师：小朋友，今天老师给你们带来了几张精美的图片，看看图片上有什么？提问：

（1）它们都是用什么做成的？

（2）这些红木家具的名称是什么？它们分别是用来干什么的？

如红木衣柜是用来挂衣服的，红木架子是用来摆物品的。

师：你们见过这些家具吗？在什么地方见过？

（二）幼儿观看制作红木家具的视频，感受红木家具带来的美

师：小朋友，你们知道这些家具是怎样制作出来的吗？我们一起欣赏一个视频，看看这些精美的红木家具是怎么制作出来的。提问：

你们觉得它怎么样？漂亮吗？（雕刻精细，手工细致）

鼓励幼儿大胆地把自己的见解表达出来。

观察各种红木的特征并积极用语言描述。

1.观赏红木家具实物。提问：

（1）这是什么？有什么作用？跟图片上有什么不同？

（2）你最喜欢是什么款式的红木家具，为什么？

2.观赏红木家具工艺品。提问：

（1）这些红木工艺品都是怎么来的？跟刚才看的图片和实物有什么不同？

（2）你还见过什么样的红木工艺品？

（三）操作活动

教师请幼儿设计或将自己喜欢的红木家具画在白纸上。

（四）小结

教师和幼儿一起欣赏全部作品，幼儿在课后还可以拿自己的作品到其他班进行讲述，说说自己为什么喜欢这些红木家具。

四、活动反思

兴趣是学习的动力，灵活多样的活动方式是增长知识的手段，动手动脑是探索发现的途径。这次活动课幼儿兴趣盎然，积极性极高，不但知道了各种各样红木的名称，而且对其特点和功用也有了大致了解，更是满足了好奇心和求知欲。但是有的幼儿对观察到的东西不能运用合适的语言表达，还有待于在日常生活中多看、多说、多教、多引导。

活动2：参观红木家具

一、教学目标

1.引导幼儿在看一看、想一想、玩一玩、做一做中学会思考。

2.通过参观红木家具厂，让幼儿欣赏工人们的劳动成果，从而培养幼儿热爱劳动之情。

3.知道一些简单的爱护家具的方法，懂得要爱护家具。

二、活动准备

各种家具的图片、和爸爸妈妈一起参观家具厂的资料或图片。

三、活动过程

（一）创设情景，导入活动

1.师：小朋友们，老师发现了一个很漂亮的地方，你们想不想去看一看？

（上课前把各种家具图片放在一个空旷的地方布置成展览馆，引起幼儿的兴趣）

2. 幼儿边参观边说一说这是什么红木家具。

（二）播放视频，了解红木家具的制作流程

1. 提问：你和爸爸妈妈是怎样参观家具厂的？看的时候应遵守什么秩序？

2. 播放参观家具厂的视频。提问：

（1）红木家具厂里有什么？（在问答中帮助幼儿归类，如机器、红木等。）

（2）红木家具厂每天要做什么？要怎么样才能做好一件家具呢？

小结：红木家具厂里要放的东西很多，但最重要的是放红木木材。

3. 看完后，请幼儿讲述参观时所看到的人、事、物及印象最深刻的事情。

4. 讨论：

（1）这是制作红木家具的流程，你能看懂吗？流程上有什么？

（2）制作红木家具一共有多少个流程？先做什么，接着做什么，然后做什么，最后做什么？

流程一：原木锯板。

流程二：干燥板材。

流程三：木工工序。画设计图和列材料单、选料、刨料、开榫凿眼、起线打圆认榫。

流程四：雕刻工序。

流程五：组装工序。

流程六：打磨。

流程七：上漆或打蜡。

（3）流程可以告诉我们怎样制作红木家具，要用什么材料、什么工具。有了红木制作流程，我们就能按流程来制作红木家具了。

（三）初步懂得保护家具的方法

1. 师：红木家具为我们提供了方便，我们应该怎样保护家具？

（幼儿自由地谈一谈，师生共同小结保护家具的方法）

2. 师：要按说明使用，不能在家具上乱涂乱画，不用小刀敲、刻家具等。

（四）活动结束

教师展示、介绍红木家具厂里的物品，如红木木材、红木家具、雕刻刀等。

四、活动反思

幼儿边参观边说各种红木名称及用途，通过这节活动，幼儿参观红木家具厂，让幼儿感受厂里工人们的劳动结果，从而培养幼儿热爱劳动之情。并让幼儿简单了解爱护家具的方法，懂得要爱护家具。

活动3：红木家具的制作工序

一、活动目标

1. 培养幼儿珍惜劳动成果，激发幼儿热爱劳动的情感。

2. 正确了解红木家具的制作工序，并能完整地说出来。

3. 体验活动的快乐，按制作工序拼一拼、摆一摆。

二、活动准备

红木家具制作的图片、视频。

三、活动过程

（一）视频导入

播放视频短片。

师：孩子们，红木制作是我们家乡的特色产业，研究红木是我园的特色课程，我们已经开展了相关的综合实践活动。今天，我们就来说一说关于红木的话题。（揭示课题）

（二）出示图片，引导幼儿了解红木家具制作的八道工序

师：小朋友，你们知道吗，这些红木家具都要经过八道严格的程序，一分都不能错漏地做出来，这八道工序分别是选料、开料、拉花、雕刻、装配、烘干、刮模、上漆。

1. 观看选料的图片，知道不同红木家具需要不同的红木木材。

2. 观看开料的图片，知道开料的过程。

3. 观看拉花的图片，知道拉花的先进技术。

4. 观看雕刻的图片，知道雕刻是人用手雕刻出来的。

5. 观看装配的图片，知道红木家具的装配过程。

6. 观看烘干的图片，知道烘干的过程。

7. 观看刮磨的图片，知道红木家具的刮磨作用。

8. 观看上漆的图片，知道上漆对家具的光泽、色彩方面有很大的帮助。

（四）巩固、整理，加深认识

1. 教师整理红木家具的制作工序，并将它记录在小黑板上，带领幼儿复习巩固红木的制作工序。

2. 教师将八道程序的图片打乱顺序，请幼儿将八道程序按顺序找出来。

（五）小结

教师引导幼儿讲述自己对工厂里叔叔、阿姨工作的感受，告诉幼儿要爱护叔叔、阿姨的劳动成果，从小养成爱劳动的好习惯。

四、活动反思

通过视频、图片，让幼儿在活动中产生兴趣，认真听讲，并让幼儿了解到生活中要懂得珍惜劳动成果，培养热爱劳动的情感。

活动4：红木家具展览会

一、活动目标

1. 幼儿共同建构一个场景，培养合作能力。

2. 学习捏的技能，能用整块泥表现出红木家具的基本形象和主要特征。

3. 利用泥教进行想象，创作出一些红木家具的形象。

二、活动准备

橡皮泥、泥胶板、图片。

三、活动过程

（一）激发幼儿兴趣

教师和幼儿来到预先布置好的"红木家具展览馆"参观。

师：你们看这是什么地方？请你们说一说这些红木家具是什么样的？

师：红木家具有红木椅子，它有4条长长的腿，平平的椅面，还有一个好看的椅背。老师捏了一张，请小朋友看看像不像？除了椅子还有其他的家具吗？今天我们学习用橡皮泥来捏红木家具，大家可以做出哪些样式的红木家具呢？

教师演示：根据汽车的组成部分，将橡皮泥分成大小不等的泥团，搓圆了做成汽车的轮子。幼儿制作汽车，教师随时提供帮助。

（二）讲解范例，幼儿学习制作方法

幼儿先观察范例，互相讨论，教师讲解示范各种红木家具的制作方法，重点讲解演示。

1. 把橡皮泥放在两手掌之间来回搓，搓成椅子的腿，一头大而圆，一头小而尖。

2. 左手压扁橡皮泥变成椅子平平的面。

3. 用右手大拇指和食指捏出家具的椅背。

（三）交代要求，幼儿操作，教师巡回指导

1. 请部分幼儿讲述家具的泥塑方法。

2. 幼儿开始捏，教师巡回指导，帮助有困难的幼儿，重点指导捏的技能，帮助每个幼儿完成作业。

（四）作品交流欣赏（紫泥粘土、延伸亲子作业）

1. 展示幼儿作品，让幼儿相互欣赏，请幼儿自我评价或相互评价。介绍自己所捏的家具，互相评一评，看一看谁的家具最像。

2. 幼儿自由欣赏，活动结束。

3. 幼儿将自己的图画与实物做比较，看看捏得像不像。

四、活动反思

活动应尊重幼儿，鼓励幼儿富有个性和创造性地学习与探索、表达与表现。幼儿可以根据自己的喜好和想法进行不同地设计和装饰。在这个设计家具的过程中，能体现出幼儿独特的审美眼光和个人风格。

活动5：认识红木家具的十大品牌

一、活动目标

1. 萌发幼儿爱家乡、为家乡做贡献的情感。

2. 认识红木家具十大品牌的名字和标志。

二、活动准备

字宝宝；标志；同爸爸妈妈一起查找有关树木的资料。

三、活动过程

（一）谈话导入

师：小朋友，你知道我们的家乡有什么特色文化产业吗？（红木家具）

小结：红木家具是大涌镇的产业文化之一，其中代表性的家具厂有红古轩、奇兴居、鸿发、华成轩、居一格、和之家、祥兴、轩红坊、聚艺居、意古轩等。

（二）认识大涌红木十大品牌

1. 出示字宝宝。

师：小朋友，你知道这个家具厂叫什么名字吗？（红古轩）对了，还有个很漂亮的图案来代表红古轩家具厂呢。

2. 出示标志，认识红古轩家具厂的标志。

师：你觉得这个标志用什么构成的？像什么？

3. 以此类推，学习品牌的名字和标志。

（三）游戏活动

现在家具厂和属于自己的标志走丢了，请幼儿帮它找到属于自己的家好吗？

1. 字宝宝和标志分别贴在两侧，请幼儿用粉笔画线将他们连接在一起。

2. 一个幼儿拿一个标志或者一个名字，听音乐找到对应的字宝宝和图案。

（四）活动结束

请幼儿在放学回家的路上看看有没有自己认识的家具品牌。

四、活动反思

通过活动让幼儿更好地了解红木十大品牌，从而认识红木十大品牌，加深对家乡特色产业的了解，培养学生热爱家乡、为家乡的建设做贡献的情感。

活动6：我喜欢的红木家具

一、活动目标

1. 知道一些简单的爱护家具的方法，懂得要爱护家具。

2. 初步知道一些常见家具的名称及用途。

3. 能大方地用"我最喜欢的×××"向同伴介绍自己喜欢的家具。

二、活动准备

创设"娃娃家"的场景、各种红木家具的图片。

三、活动过程

（一）创设情景，导入活动

1. 师：小朋友们，你们喜欢玩"娃娃家"的游戏吗？做完游戏应该怎么样？（把玩具整理好）

2. 师：今天"娃娃家"里的娃娃有点不开心，"娃娃家"的家具都没有放整齐，我们把家具整理一下好吗？

3. 幼儿分角色到"娃娃家"去整理家具，边整理边说一说这是什么家具。

（二）了解家具的作用

1. 师：谁来说说看，你刚才整理的是什么家具？你知道它是用来干什么的吗？（幼儿介绍自己玩的"娃娃家"有什么家具以及它们的用途。）

2. 师：你们自己家还有什么其他的家具？可以用来干什么？

（三）看图讲述

师：今天老师还带来很多漂亮的家具呢，我们一起来欣赏一下。

1. 师：你看到什么家具？你喜欢它吗？为什么？

2. 幼儿拿出喜欢的家具，用"我最喜欢×××"的句型把它表达出来。

3. 教师用文字的形式把幼儿的话记录下来。

（四）初步懂得保护家具的方法

师：家具为我们提供了方便，我们应该怎样保护家具呢？

幼儿自由地谈一谈，师生共同小结保护家具的方法。

（五）活动延伸

师：回家可以和爸爸妈妈说一说自己喜欢的红木家具。

活动反思：

通过活动，让幼儿大胆地用语言表达出自己喜欢的红木家具，并知道一些简单的爱护家具的方法，懂得要爱护家具。

第四章

营造氛围：创设乡土文化教育环境

　　在幼儿园的教育活动中，环境作为一种"隐性课程"，应该是一本立体的、多彩的、富有吸引力的无声教科书。《纲要》中指出："幼儿的发展依赖于生存的环境，幼儿每时每刻都在与环境发生交流，环境是幼儿发展的资源，也是重要的教育资源，我们应该通过环境的创设和利用促进幼儿的发展。"同时《纲要》又指出："幼儿园教育改革应注重开发蕴涵本土文化的课程，应对幼儿进行本土文化的启蒙教育。"充分发挥环境的教育功能，让幼儿在环境的熏陶下萌发亲近家乡、亲近家乡文化的情感。通过多年努力，我园形成了具有开放、多元、童趣、浓厚地方文化气息的校园文化。

美丽的风景线——乡土文化景点式人文环境

一、为幼儿创设自由、自主、丰富的乡土文化人文环境

创设宽松自主的乡土文化景点式情境，营造浓厚的乡土文化氛围，做到"序、美、趣、意"。为了让幼儿更好地了解大涌的本土文化，创设互动式的环境，结合楼梯的空间位置，我们将大涌镇的人文地理以及现代的特色产业布置成景点，既生动形象又符合幼儿的理解水平，是一道美丽的风景线。

景点一：文化大展厅

走进大厅，首先映入眼帘的是一块块红木木材、红木知识展板、红木家具工艺品，半空中还吊着古典的中国结，让人置身于红木世界，这就是大涌的特色产业——红木家具。右手边的景点是隆都节日美食，一碟碟金吒、角仔，一底底年糕，隆都人们一年四季中每个节日所吃的美食都展现在这里。再走近一点，看到的是隆都人们的生活用具：草帽、谷西、煲粥锅……再抬头看，一首首早被人们遗忘的隆都童谣以展板的形式挂在半空中。还记得那天，教师带着幼儿来到大厅用好听的隆都话念起隆都童谣。到了放学时间，露露小朋友就带着自己的爸爸妈妈来到了这儿，用隆都话念起了隆都童谣："三月三，舞扁担；四月八，舞柴碌；四月九，舞喃斗。"一句一句地教爸爸妈妈念。

在这个红木文化的环境里，几棵粗壮的木头排列开来，四周墙上也全是木头、树枝装饰，给人的感觉"古香古色"，整个大堂处处弥漫着"原生态""中国风"的浓厚气息，似乎吸一口气都满是"木头"的味道。走近大堂，首先映入眼帘的是一个类似屏风的博古架装饰，上面用低垂的流苏遮掩，营造一种隐隐约约的朦胧感，增加了古典艺术的美感。走近一看，惊喜地发现博古架上陈列着许多木制品，用些许荷花、绿植点缀，增添了地域文化的气息。大堂西面的墙上是以"红木"为底板的特色木板，木板上"给幼儿最美好

的童年，给人生最坚实的基础"彰显我园的特色，用"仁者爱人、仁爱满园、文化育人、润泽童心"突出我园的办园理念；两边用隆都娃的形象突出地域文化的传承与发扬；底部用些许清白荷花点缀，既增添了美感，又彰显了古韵古香的艺术。

整个大堂的环境主要以"红木"为材料，四面的墙壁底部用高高低低的圆木头和长长短短的树枝来进行装饰，增加了视觉上的冲击。大厅中间整齐的排列着几张红木材质的小桌子、小凳子，上面摆上小植物点缀，显得活泼又生动。四个自然角以"梅兰竹菊"划分，各有特色，突出地域文化，传承人文精神，彰显文化底蕴。"梅"角主要以梅花为主，在用红色幕布遮住的展示台上依次排列着手工木质工艺品，再以大大小小的梅花装饰。梅迎寒而开，是坚韧不拔的象征，不畏严寒、经霜傲雪的个性彰显着历史文化的传承与发扬，突出表现了我园"仁润"思想中坚韧不拔的个性。"兰"角主要以兰花为主，古色古香的木质展示架上排列着各种木质工艺品，用兰花来装饰。兰花的情韵是传统文化的使者，幽芳高洁的情操、谦谦君子的象征代表了中国传统文化的意蕴深长，突出"仁润文化"中的谦逊精神。"竹"角主要以竹为主，高高低低的圆木头围绕树根抱成一圈，再用些许绿竹点缀，放眼望去，一片绿意盎然。竹象征傲然风骨、经冬不凋、不卑不亢、潇洒处事，同时也是文化的传承，突出"仁润文化"中刚直个性的培养。"菊"角自然是菊花了，满眼明亮的黄色与木头的棕红色相结合，给人眼前一亮的感觉，既不过分妖娆，也不过分朴实，恬然自处，傲然不屈，突出"仁润文化"中洁身自好的傲然风骨。

景点二：隆都美食坊

在教学楼这边一共分成了七大景区，从一楼开始往上走，我们能看到"隆都美食坊"，里面陈列了当地传统的美食模型"九大簋"。家长和幼儿可以在观看形象的食物展示中感受大涌以前过喜庆节日的风俗文化，感受人们通过辛勤劳动创造美好生活的愿望。

景点三：方言乐园

在方言乐园里，我们把楼梯里面的墙全部用纸涂成灰砖块，在中间挂了一个大大的中国结，两边贴着用纸筒开边制作的方言展示图，纸筒的上方贴着图片，下面贴着象声字，再加以装饰，形成了一排非常漂亮的方言展示图。在地上安置了舒适的草席,上面放着竹扁,每看到一块竹扁都能学会一句巧妙的隆都话,让幼儿在古色古香的清雅之地轻松地学习隆都方言。在楼梯口处,我们画了一张图,介绍隆都话的来历与演变的介绍,让幼儿看了对隆都话会有深刻的认识。当幼儿走到这一楼梯口时,能深深地感受到浓浓的隆都方言气息。

景点四:名人轶事坊

通过介绍大涌古代和现代的名人以及他们的一些作品,让幼儿了解自己的祖辈是多么的勤奋,取得了丰硕的成果。楼梯景点的布置风格是传统的书房,摆设了一个花瓶形状的红木书架和一张红木桌子,书架上摆放着大涌本土作家、学者的著作,如《人生千字文》《秋水磋跎》等,吸引了大批家长与幼儿一起阅读。桌子中间铺着一张米黄色的布,上面放着一个精致的笔筒,在这种充满书香气息又舒适的环境中幼儿能感到阅读前辈书籍的乐趣。

景点五:童谣乐园

当你来到一间灰色的小砖、门的两边挂着两串花生的农家小院,是否觉得很像自己小时候生活过的地方呢?院子里有绿绿的草地、逼真的竹子,幼儿在荡秋千吟唱隆都童谣。墙上有用毛笔字写的童谣、名谚,艺术地展示在墙上。幼儿在这个农家小院里可以边玩边学隆都童谣。

景点六:历史故事坊

当你看到一面大大的五星红旗飘扬在一栋房子上时,那就是白蕉围,标志着大涌是中山第一面五星红旗升起的地方。旁边有高山,地上有草地、有竹子,上面有蓝蓝的天和白云,是一幅非常壮观的风景线。通过这个景点,幼儿能有声有色地讲述大涌的历史,知道了大涌是中山第一面五星红旗升起的地方。现在我们幼儿园的幼儿都能自豪地讲述一些光荣历史,那是大涌人的骄傲。

景点七:红木家具坊

大涌是"中国红木家具专业镇""中国红木雕刻艺术之乡"。红木家具是现代的特色产业,有十大品牌。在楼梯景点里,我们布置得像自己家的客厅一样,在楼梯间最醒目的地方摆放了一套红木家具、一盆精致的绿色植物,在绿色植物的下面放一些鹅卵石,在墙的中间用木条搭了一个长方形的框,里面镶着折皱的石纸,既美观又能把外面的光线折射到楼梯间里,形成了一道亮丽的风景线。幼儿在这舒适的环境中认识家具的制作工序以及十大品牌,感受雕刻的艺术。

景点八：牛仔坊

大涌还有一个特色产业，那就是牛仔服装，大涌镇取得了"中国牛仔服装名镇"的称号。为了让幼儿更深刻地了解家乡的特色产业，我们在楼梯景点的墙壁挂着小而精致的牛仔服装，这些小小的牛仔服装是幼儿自己收集回来的，再加上教师们的精心装饰，如在牛仔裤上系着一条金光闪闪的腰带、在衣领上围着一条紫色的围巾，形成了非常时尚个性的牛仔服装景点。让幼儿在这个小天地里认识家乡的牛仔文化，学会自己装饰衣物，提高了幼儿的审美能力。

景点九：隆都民俗坊

在民俗风情这个楼梯景点里，我们摆放和悬挂着各种乡间特产，介绍一些节日的习俗，如在横梁的位置挂着狮头和锣鼓、在架子上放着一些竹制品等。让这些传统的东西在幼儿的眼里逐渐由新鲜变得熟悉，也可以亲身体会舞狮的乐趣。

景点十：过道文化

从大堂沿着小路向二楼出发，沿途都是风景。幼儿园的走廊环境颇有一番风味，文化内涵丰富，地域特色明显，可谓是凝聚了教师的一番心血。沿着楼梯向上走，会发现楼梯旁的墙面上是用贴纸粘贴的由荷花、竹子构成的水墨图，中国风气息浓厚。贴纸上用塑料的绿色小草点缀，给淡淡的水墨画增添了一丝盎然。楼梯拐角处用地板质感的木头装饰，配以荷花元素，彰显文化特色，突出"仁润文化"。

教学楼的廊角文化也是地域味浓厚。楼梯间墙面文化主要以木质艺术品装饰，美观又贴近生活，散发着生活的智慧。廊角文化也是各式各样，无不彰显着历史的传承、文化的底蕴。一楼南面的"龙狮坊"内各种器材齐全，有隆都娃头盔、鼓、服装、钹、龙狮、各种打击乐等。北面的"隆都美食"角都是隆都的各种美食，有金吒、角仔、年糕等，此外还陈列着各种制作美食的小工具，锅子、铲子、盘子等一应俱全。三楼南面的"书香阁"地面铺好舒适的地垫，营造出温馨的环境氛围，给幼儿提供良好的环境，鼓励幼儿多读书，紧扣幼儿园"分享阅读"的特色活动，给幼儿以精彩的童年。三楼北面是"童心版画"角，墙面上排列着一幅幅幼儿的版画作品，墙面的前方是各种颜色的颜料，给幼儿提供完整的材料，鼓励幼儿发挥想象力与创造力，在艺术的领域里自由翱翔。

二、让班级环境创设成为乡土文化学习的立体教材

班级环境就是大课堂，是看不见的老师。班级是幼儿的世界，只要能充分利用好这一有效的教育资源，对于课程的教授和幼儿的学习都有着事半功倍的效果。而我们应该做的是应该让幼儿成为班级的主人，成为自己的主人。

1. 体现"一班一特色、一班一亮点"的创设原则

挖掘隆都文化资源中适合幼儿的和幼儿易于理解的文化内容，作为乡土文化园本教育课程，并在班级环境创设中充分体现"一班一特色、一班一亮点"的原则，把各教室布置成"红木文化班、牛仔文化班、方言文化班、美食文化班"，让班级环境创设成为乡土文化学习的立体教材。如小班教室以美食文化作为布置特色，他们的主题版是小猪在烹调美食。在墙面上把隆都美食的种类、制作程序、健康知识等展示出来，另外的"美工作品区"摆满了幼儿与家长制作的美食。通过每一个墙面对幼儿进行语言、德育、动手操作等方面的教育。

2. 体现班级环境的教育功能

丰富、多彩的立体环境给幼儿带来了视觉上的冲击，如何利用各有特色的文化教室，让幼儿在浓郁的主题环境中学习、传承隆都文化呢？

我们采用了循环互动的方式，让幼儿在不同的文化环境中感受、体验、学习不同的本土文化。如大班第一个月的学习主题是"方言文化"，他们就来到中一班课室；第二个月的学习主题是"时尚牛仔风"，教学时间里他们就去到大四班课室……此外，在利用环境进行文化教育的同时，我们更注重为幼儿创设与环境互动的机会。如在开展主题"红木潮流坊"教学时，教师组织幼儿收集各种红木及其制作过程的书籍、工艺品，让幼儿分类，然后共同讨论贴哪个地方、怎样展示更好，真正发挥了幼儿的主体性和参与意识。又如在开展"时尚牛仔风"的主题教学中，让幼儿和家长一起收集废弃的牛仔布料，用幼儿设计的牛仔衣服、工艺品（帽子、杯子、椅子等）布置成展示台。

本土文化教学主题是显性的课程，而班级环境则是隐性课程的体现。在循环互动式的换班教学过程中，各具特色的文化教室为幼儿学习不同类型的文化

提供了立体的教材，使幼儿在潜移默化中接受着文化的熏陶。同时，幼儿的学习过程、学习结果不断地丰富着这本"立体教参"，两者的互补关系很好地体现了环境的教育功能。

3. 为幼儿创设适宜的乡土文化区域环境

什么是区域活动？简言之就是幼儿在教师准备的环境中进行自由、自主、自选的活动。区域活动开展的前提是有一个特定的"有准备的环境"，在区域中的幼儿有更充分的机会融入环境，与区域内的同伴自由交流和交往，或者自主地操作材料和玩具，通过与他人、材料的互动获得实实在在的发展。

挖掘一切可以利用的自然和社会资源创设区域环境。在为幼儿提供一些必备的基础材料的同时，注意尽量和幼儿收集较为合理、有浓郁乡土气息的活动材料。每个班都有常规性区域和特色区域，常规区域指语言区、数学区、图书区、科学区、美工区等，特色区域结合乡土资源创设了"传统文化大观园"区域，把整个常规区域转换成特色区域空间。

我们根据幼儿的年龄特征，对小、中、大三个年龄段的活动区进行创设。小班幼儿年龄小，生活经验少，小班活动区的创设主要体现家与游戏的感觉，主要创设了娃娃家、生活馆、餐厅等；中班幼儿认知水平提高了，逐渐开始喜欢玩角色游戏，对周围环境开始关注，所以在中班创设的活动区主要体现自己与周围环境的联系，主要创设了童谣小剧场、侨苑小舞台等；大班幼儿主要创设了红木潮流坊、木工坊、石板街等，更多体现人文和地方特色。

活动区材料的投放是幼儿可操作的材料，所有材料都鼓励积极参与和探究。材料投放的目的性与教育目标紧密相关，将教育目标隐性地体现于材料之中。材料要有趣，能促进幼儿的主动性。

"环境即课程""生活即课程"。依托乡土文化，创建特色环境，不仅让幼儿领略到扑面而来的隆都本土文化气息，感受到家乡文化的丰厚，更重要的是拓展了幼儿学习的途径、学习的时空，让幼儿在环境的熏陶下萌发亲近家乡、亲近家乡文化的情感，有效促进幼儿传统文化素养的提高以及良好个性和健全人格的形成。我们还将努力为幼儿创设更多的条件，让幼儿多接触大自然和社会，让幼儿在周围生活中得到更和谐地发展，让本土的文化在幼儿的心中生根、发芽、开花。

乡土文化教育环境部分图片

博古架装饰的屏风，上面用低垂的流苏遮掩，营造一种隐隐约约的朦胧感，增加了古典艺术的美感。走近一看，惊喜地发现博古架上陈列许多着木制品，用些许荷花、绿植点缀，增添了地域文化的气息。

墙上是以"红木"为底板的特色木板，木板上"给幼儿最美好的童年，给人生最坚实的基础"彰显我园的特色；用"仁者爱人、仁爱满园、文化育人、润泽童心"突出我园的办园理念；两边用隆都娃的形象突出地域文化的传承与发扬；底部用些许清白荷花点缀，既增添了美感，又彰显了古韵古香的艺术。

　　大厅墙壁底部用高高低低的圆木头和长长短短的树枝进行装饰，增加了视觉上的冲击。

　　大厅中间整齐地排列着几张红木材质的小桌子、小凳子，上面摆上小植物点缀，显得活泼又生动。

　　"梅"角主要以梅花为主，在用红色幕布遮住的展示台上依次排列着手工木质工艺品，再以大大小小的梅花装饰。梅迎寒而开，是坚韧不拔的象征，不畏严寒、经霜傲雪的个性彰显着历史文化的传承与发扬，突出表现了我园"仁润"思想中坚韧不拔的个性。

　　"兰"角主要以兰花为主，古色古香的木质展示架上排列着各种木质工艺品，用兰花来装饰。兰花的情韵是传统文化的使者，幽芳高洁的情操、谦谦君子的象征代表了中国传统文化意蕴深长，突出"仁润文化"中的谦逊精神。

　　"竹"角主要以竹为主，放眼望去，一片绿意盎然。高高低低的圆木头围绕树根抱成一圈，再用些许绿竹点缀。竹象征傲然风骨、经冬不凋、不卑不亢、潇洒处事，同时也是文化的传承，突出"仁润文化"中刚直个性的培养。

　　"菊"角自然是菊花了，满眼明亮的黄色与木头的棕红色相结合，给人眼前一亮的感觉。既不过分妖娆，也不过分朴实，恬然自处，傲然不屈，突出"仁润文化"中洁身自好的傲然风骨。

　　"隆都美食坊"里面陈列了当地传统的美食模型"九大簋"。家长和幼儿可以在观看形象的食物展示中感受以前过节日的风俗文化，感受人们通过辛勤劳动创造美好生活的愿望。

　　"龙狮坊"内各种器材齐全，有隆都娃头盔、鼓、服装、钹、龙狮、各种打击乐等。舞龙舞狮，传承与发扬。

　　"书香阁"的地面铺好舒适的地垫，营造出温馨的环境氛围，给幼儿提供良好的环境，鼓励幼儿多读书，紧扣幼儿园"分享阅读"的特色活动，给幼儿以精彩的童年。

　　"童心版画"角的墙面上排列着一幅幅幼儿的版画作品，墙面的前方是各种颜色的颜料，给幼儿提供完整的材料，鼓励幼儿发挥想象力与创造力，在艺术的领域里自由翱翔。

　　通过介绍唐人街，让幼儿了解大涌华侨在外创业是多么艰辛。

第五章

凝练提升：建构乡土文化仁润教育模式

乡土文化作为教育的重要内容，通过具体实施实现其教育价值，同时也是对乡土文化最好的传承和创新。理想的教育是乡土文化与幼儿教育相结合的教育实践，不断凝练提升原有的教育实践经验，形成独特的观念体系，即教育模式，使教育更加科学、合理、专业。

乡土文化教育模式分析

一、乡土文化教育模式建构的一般过程

乡土文化教育模式建构的思路是从实践出发，通过对实践的观察，出现一种教育模式的设想。仁润教育模式就是考察教师在乡土文化教育方面的特殊作用的基础上提出来的。乡土文化不仅是幼儿学习发展的内容之一，同时这一内容和实施途径本身已经构成幼儿教育的一种独特方式。在这一设想之下，逐步建构出仁润教育的模式。

1.建构鲜明独特的价值概念

若要形成自己独特的教育模式，首先必须形成自己特有的教育价值范畴。如果没有一个可以作为旗帜并统领整个模式的价值概念，就不可能形成具有鲜明主题和个性特点的教育模式，因为整个教育模式的操作内容都是在这一概念下建构并设计的。由此可见，建构教育模式的基本途径是从概念创造开始，最终形成一个具有完整操作系统的模式和结构。任何一个成功的教育模式都有自己独特的价值与概念做支撑，这不仅是乡土文化教育模式建构的一般特点，也是所有教育模式建构的一般特点。提炼特定的理论术语和概念范畴是建构模式的前提，一个没有形成理论语言的教育模式往往也是一个不成熟的教育模式。

而所谓概念范畴的形成，就是建构一系列观念的体系。通过这些概念范畴获得对整个模式的逻辑阐释，以仁润教育模式为例，提出仁爱并把仁爱的内涵解释为爱人、和谐，这是仁润教育模式的内涵。如何获得这种认同？仁润教育模式建立了另一个延伸性的重要概念，即"润"，通过润物细无声的生命体验，达到对他人的仁爱与和谐，这是仁润模式的内在观念体系。

2. 仁润教育模式建构概念设计的过程及重要性

（1）关于仁润教育模式的提出。乡土文化教育有着极其丰富的内涵，结合十几年的实践探索，我们逐渐明晰了研究对象，即把"润泽"作为我们的主要研究对象，主要研究如何通过润泽、体验的方式对幼儿进行乡土文化教育。在随后的工作中，对润泽体验的原则、方式、目标做了多方面的探索，确立了"仁者爱人、仁爱满园、文化育人、润泽童心"的仁润原则。纵观这几年的实践探索，主题教育活动的研究较少，实施途径也不够丰富和科学。今后将朝着主题教育活动、以儿童为中心的生成课程方向努力，使仁润教育实践有一个质的转变，提出"亲子研学"和"文化大观园"主题活动，努力把仁润落实到教育实践中。

当我们凝练出"仁润"这个概念作为乡土文化教育模式建构的主题，接下来就是设计"仁者爱人、仁爱满园、文化育人、润泽童心"等概念体系和价值内容。

（2）关于仁润教育模式概念体系和价值内容。

第一，建构仁润教育模式结构，即包含自然性、趣味性、知识性、情感性、实用性的教育模式。除了培养乡土意识之外，生活教育、人格教育、民族精神教育也潜移默化地渗透其中。

第二，建构仁润教育的目标。教育目标也是一个不断调整的过程。现在的目标是"在尊重幼儿的前提下，遵循幼儿的发展规律，以地域文化为载体，为幼儿创设'仁爱'的环境、活动和游戏，倡导幼儿运用体验式学习方式架构自己的核心经验，支持幼儿成为诚信、知礼、感恩、刻苦、勤劳、节俭、自立、自信的'仁爱'宝贝"。

第三，仁润教育的特点。仁润教育理念下的幼儿园教学关注的是幼儿内在的体验与感受，更加提倡幼儿用自己的眼睛去观察，用自己的心灵去体验，用自己的方式去学习，注重教师的支持与引导，具有生活化、游戏化、活动性和直接经验性等性质。在尊重幼儿的前提下，遵循幼儿的发展规律，以地域文化为载体，划分为健康、语言、社会、科学、艺术等五个领域，从不同的角度促进幼儿情感、态度、能力、知识、技能等方面的发展，达到"仁者爱人、仁爱满园、文化育人、润泽童心"的目的。

对于一个教育模式的实施过程来说，凝练主题是一个不断研究、不断提升的过程。

二、关于设计乡土文化仁润教育模式的反思

第一，构建幼儿与教师、家长以及幼儿园与家庭、社区的课程模式。

不仅充分尊重幼儿的个性、爱好，促进其自主、自由地认识、探索和发展，而且也鲜明地体现教师、家长的引导和支持价值。不仅关注幼儿的成长，而且力图使教育过程成为教师、家长自身学习和发展的过程。

教师和幼儿都是整个教学过程的中心。幼儿成为学习的主体，教师没有给幼儿灌输现成的知识，而是提供足够的时间、空间和材料，使他们自主地创作和探索。同样，教师也是中心。在这个过程中，教师作为局内人，投入了极大的热情和幼儿一起工作和思考，但又扮演了一个局外人的角色，始终关注着幼儿的状态以及活动的进展情况，适时地、自然地根据幼儿的兴趣和发展要求为他们提供各种媒介和帮助，创设问题情境，引发思考，促进主题的深化。

第二，创建一种儿童文化，使幼儿在相互合作和社会化的气氛中不断获得主客观经验。

第三，倡导幼儿运用多种形式进行认知、表达和沟通，获得完整的感觉体验。

第四，形成主题教育园本乡土教育课程。

对乡土文化资源深入挖掘，整理成册，从整理好的册子中选取适合的、贴近幼儿生活的、幼儿能理解的内容整合成课程内容。有序组织系统化的乡土教育，幼儿园可以按照传统农历二十四节气、传统节日（元宵、清明、端午、七夕、中秋、重阳、冬至、腊八）的顺序，结合地方传统美食、节日活动，构建有韵律节奏的乡土文化教育。以"隆都传统文化主题活动方案"为主线，不断反复学习、实验，积累了丰富的实验材料，设计了浅显而有趣的活动，让幼儿能在趣味盎然的活动中愉快地了解、传承本土文化，对家乡的文化产生认同感。

三、关于乡土文化仁润教育模式研究的展望

做好仁润教育，指导幼儿园工作思想和理想信念，弘扬园所文化的精神内核，滋润着每一个幼儿的心灵。"润物细无声"是指教育的手段，不是传统理念下的教育，而是用"仁"感染幼儿的心灵，用文化润育幼儿的灵魂。

秉承仁润文化，发扬仁润精神。中华民族的文化是东方文化中最重要的一脉，其历史源远流长，其思想博大精深，是中华民族延续千年的精神血液。孔子开创的儒家思想是中华民族文化精神之根本所在，其"仁爱"思想至今依然影响深远。他开创的"仁"的思想是千百年来中华民族精神的源头活水，是礼乐文明的重要根据，是价值观念的是非标准，是伦理道德的规范所依，构成了中华民族的基本精神价值。仁润教育的传承与发展既是时代的呼唤，也是教育的使命，相信仁润教育也会影响深远、指导前行。

红木小镇：仁润教育

隆都，这个诗人眼中极富文化气息的南国小镇，以其独特的历史文化、民俗文化、民间艺术文化、革命历史文化、方言文化、古迹文化、经济文化、华侨文化、饮食文化等，形成了以仁爱为内核，融汇多种文化为一体的具有浓厚地方特色的小镇。随着课程改革的推进和教育视野的不断拓展，通过幼儿园课程文化的设计传达地域文化、民俗风情，深度构建幼儿园园所文化，促进幼儿个性化发展、教师专业化发展。从2001年开始，我们迈出了乡土文化与幼儿园发展相结合的教育实践，通过十几年的努力，凝练形成"仁者爱人、仁爱满园、文化育人、润泽童心"教育理念，即仁润教育模式。

一、仁润教育课程模式建设的文化背景

1. 区域发展与幼儿园发展定位

（1）打造世界知名的红木文化体验区。大涌镇以打造"中国红木特色小镇"为战略目标，紧紧抓住"红木产业"的特色和优势，不断做好"集聚"和"特色"的文章，搭建重大产业平台，引入高端资源要素，构筑红木产业生态圈，推动"产、城、人、文、旅"融合发展。2017年，大涌被国家住建部评为"中国红木特色小镇"，并入选首批广东省特色小镇创建工作示范点、首批中山市特色小镇，实现特色小镇国家、省、市三级创建目标的"大满贯"。目前正按照市委市教办将大涌打造成为特色小镇精彩示例的目标要求，努力谱写特色小镇发展的新篇章。

深挖大涌红木家具产业的文化元素和内涵精髓，突出"广作"红木工艺特点，加强红木产业文化与本土华侨文化、民俗文化以及山水田园生态文化融合，打响中山红木文化品牌。

基于区域发展，这些"红木+文化"是很有价值的教育资源和精神财富。

近年来，幼儿园敏锐把握地域优势，整体规划幼儿园课程，完善办园理念和育人目标，逐步形成了地域化教育的发展战略，并通过实施这一战略实现园所文化的快速进步与发展。

我们始终坚持给幼儿最美好的童年，给人生最坚实的基础，以科研兴园为管理策略，形成了具有开放、多元、童趣、浓厚地方文化气息的校园文化，成为中山市镇区第一所省一级幼儿园，并有多个第一落户大涌镇中心幼儿园。

幼儿教育是基础教育的基础，幼儿在认识方面的感觉、记忆、思维等都表现出明显的形象性、具体性特征。因此，生动形象、情节具体、看得出摸得着的事物更能引起幼儿的注意和兴趣。为此，培养幼儿的爱国之心要从幼儿身边实实在在的每一件小事做起。

（2）认识新时代，把握新时代，跟上新时代，努力不辜负新时代。新时代、新目标、新使命，对党员干部的能力也提出了新要求。概而言之，既要政治过硬，也要本领高强。进一步满足人民对美好生活的需求，解决好发展不平衡、不充分的问题。党员干部首先要过政治关，始终和中央保持一致，把全部思想和精力都放到国家建设和发展的总体部署上来；其次要解决长期执政能力的建设问题，国家向现代化强国跃升，不可能轻轻松松，许多过去管用的老办法、老观念也面临着更新升级，只有把人的现代化和国家的现代化一起推进，才能在新时代有新气象、新作为。

2. 如何系统构建仁爱文化

"仁爱、和谐"的师生关系是构建"仁爱、和谐、积极向上"的文化校园中最为重要的一环，新型的师生关系是师生平等、民主和谐、情感交融、交流合作的关系。教师要把教育过程当成是师生交往、积极互动、共同发展的过程，师生之间应该相互交流、相互启发、相互补充，以实现教学相长和共同发展。

学校里人人都树立了"仁爱、和谐"的教育观，管理者有了构建"仁爱、和谐"的校园的管理意识，教师之间、师生之间相互关爱、相互体谅。关系融洽了，"仁爱、和谐"的校园氛围也就形成了。

这种氛围一旦形成，无论是教师之间还是师生之间就会少了抱怨，多了理解；少了算计，多了宽广；少了分歧，多了团结；少了推脱，多了承担；少了退缩，多了拼搏！那时的校园将处处拥有阳光，处处充满欢笑，处处彰显活力！由此，"仁爱、和谐、积极向上"的文化校园也就以其积极、昂扬的姿态呈现在大家的面前！

以人为本，建设"仁爱、和谐、积极向上"的文化校园是时代发展的要求。从学校文化建设入手，唤起大家的文化意识，立足于学校实践，着眼于学校未来，积极构建"仁爱、和谐、积极向上"的学校文化，才能全面提升教育品质。

二、仁润教育文化课程的核心价值

幼儿园文化的核心价值是实现幼儿园育人目标的理性思考，也是幼儿园办学实践的重要依据，幼儿园课程体系建设一定要体现幼儿园文化的核心价值。

仁润教育凝练了"仁者爱人、仁爱满园、文化育人、润泽童心"的核心特征，形成了幼儿园文化的核心价值。幼儿园用"仁、润"二字作为这种价值的表述形式，并将其作为幼儿园核心文化的符号之一。

1. 以仁为本——仁爱滋养心灵

仁象征着仁爱，意谓宽仁慈爱，有爱护、同情的感情色彩。同时也是理想人格，有助于建立高质量的人际关系。幼儿园充满仁爱教育的氛围，教师秉承"仁者爱人、仁爱满园"的文化理念，充满慈爱之心；幼儿互相关爱、团结互助、尊老爱幼；师生积极向上，幼儿在仁爱的世界里快乐成长。

仁是一种道德范畴，指人与人相互友爱、互助、同情等。仁的内涵是极为丰富的，包括个体及群体生活在内的思想和行为各方面的理想人格修养体系。

仁者，看事客观、心态正面、为人忠厚、方向正确、思想积极，为树立真正可以引领"大时代发展潮流"的大时代楷模、大时代精神、大时代文化、大时代格局而奋身不顾的"大时代践行理念"，正向地引导一切，以其诸多的事务可以愈加正向、阳光、明晰、和善、积极的成长与发展为本质方向。

2. 筑"润"童年——文化浸润成长

"润"的字意是滋润，不干枯，湿燥适中，象征幼儿园的文化教育滋润着每一个幼儿的心灵。幼儿园的文化教育是"文化育人、润泽童心"，用文化教育滋润幼儿的心灵，成为幼儿园特色文化课程的真实写照。

地域文化教育所孕育和形成的仁润核心价值，系统地指导了课程体系的建设，使幼儿园形成了"仁者爱人、仁爱满园、文化育人、润泽童心"的课程文化。也正是在这一理念的昭示下，我们积极挖掘开发本土的教育资源，引领教师和幼儿亲近家乡的风景名胜，感受家乡的历史文化，挖掘家乡的人文资源，了解家乡的名人名事，品尝家乡的特色美食，体验家乡的饮食文化，并在这种春风化雨、润物无声的过程中达到促进幼儿全面发展的目的。

三、仁润教育发展之路

中心幼儿园坚持走科研兴园之路，开展了系列的课题研究。2001年开展《农村地区幼儿口语能力的培养》的课题研究；2006年开展《方言的世界——隆都文化资源的幼儿教育开发》的课题研究；2008年《依托隆都文化开发幼儿教育资源的研究》的课题研究；2014年开展《侨心润童心——运用本地华侨文化开展幼儿生活教育的研究》的课题研究；2015年开展《农村幼儿园图书馆开展陪伴式阅读适宜性评价的探究》的课题研究；2018年开展《课程游戏化背景下本土红木文化融入幼儿园教育的研究》的课题研究。

四、仁润特色文化课程的内容与结构

经过系列的实践活动，我们积淀、积累了比较完善的乡土文化园本课程体系，形成了仁润课程体系和教学模式。

仁润课程体系课程包含人文核心课程、自主游戏课程、体验课程、特别课程。

1. 仁润特色文化课程的内容

（1）人文核心课程，包括民俗文化、红木文化、华侨文化、山水田园文化。根据地域文化内容，划分为健康、语言、社会、科学、艺术等五个领域，从不同的角度促进幼儿情感、态度、能力、知识、技能等方面的发展。如在小班"隆都美食齐分享"主题活动中，以美食文化为主要内容和依托，融入五大领域的教育目标。在社会领域中让幼儿认识美食、分享美食；在健康领域中学习食品安全常识以及饮食卫生习惯；在艺术领域中绘画、制作美食等。

我们在民俗文化、红木文化、华侨文化、山水田园生态文化中融入五大领域

教育目标，是对幼儿进行社会主义核心价值观教育的重要体现，也是传承和弘扬中华优秀传统文化的重要途径。我们参照《幼儿园教育指导纲要》中提出的幼儿园健康教育的总目标，将"美食齐分享"作为幼儿园健康领域活动的主题，以美食文化为主要内容和依托，让幼儿了解家乡美食文化，喜爱家乡美食。

我们通过主题"侨心润童心"中的华侨故事，让幼儿了解大涌的华侨，了解家乡的名人轶事。社会领域的教育是潜移默化的，我们还将传统节日的教育融入幼儿园的课堂活动中，这对幼儿爱国、爱家乡等道德感的形成具有很大的推动力。

（2）自主游戏课程。围绕地域文化资源开设了系列的自主游戏活动，如木艺DIY区、华侨文化区、趣味方言区、隆都美食区、民间游戏区、木艺沙池建构区等多达20多个自主游戏点，为不同年龄的幼儿提供体验大涌地域文化的游戏区。

我们有着得天独厚的地域文化资源，可以因地制宜，挖掘本土资源，尝试把一些本土文化资源运用到游戏中去，让幼儿从小接受本土文化的辐射和熏陶，使幼儿对本土文化产生了解和探索兴趣，并用自己的方式表现出来，从而提高幼儿的动手能力、审美能力和创新能力。我们也在这一过程中逐步建立起具有本园特色的、促进幼儿全面发展的自主游戏课程，形成了一系列自主游戏活动，如"创客木工""'唐人街'游戏街""侨苑小舞台""民间体育游戏""隆都小吃馆""隆都广播台""畅玩隆都童谣""龙狮表演队"。这些游戏活动极大地丰富了教学内容，增强了幼儿对本土文化的了解和认识，有力地培养幼儿热爱家乡的情感。

（3）地域特色文化课程。在自然教学班里，根据幼儿的年龄特点和教师的兴趣，设立红木班、童谣班、侨苑班、龙狮班为文化的特色的班级，开展深入的文化学习和游戏活动。

培养幼儿的爱国情感和家国情怀，如主题活动"隆都美食齐分享"，通过品尝家乡的特色美食，体验家乡的饮食文化。

文化主题园本课程规划，如主题活动"红木潮流坊"，通过隆都产业文化，让幼儿感受红木产业的风采。

主题区域活动，如主题活动"隆都人家"，让幼儿了解大涌的历史文化、古迹文化，启蒙幼儿热爱家乡的情感。

主题角色游戏，如主题活动"隆都美食齐分享"，让幼儿体验与同伴分享的快乐。

"侨苑小舞台"表演活动，如主题活动"隆都话说说说"，让幼儿学习和模仿隆都人在日常生活中所说的隆都方言。

"阅读派对"绘本亲子活动，如主题活动"侨心润童心"，引领幼儿学习侨乡文化，感受大涌华侨对家乡的关心与支持。

（4）体验课程。有以节庆或者重大活动为主题的全园性亲子体验活动，如"3.15红博会""阅读节""开笔礼""大班毕业典礼""升班仪式""庆国庆亲子活动""创意木头节""传统文化大观园"亲子活动等。其中，在每周三的下午是班级的体验活动，如元宵节、清明节、端午节、中秋节等班级的小范围的体验活动，在一日生活中融入传统文化的学习。

2. 仁润特色文化课程的结构

特色文化课程的组织结构就是幼儿参与的、范畴深入而广泛的主题探索活动，我们称之为主题活动。

主题活动是以某一主题为核心向四周扩散编制主题网络，制作主题网络程序，然后根据幼儿的兴趣和需要对主题网络中的不同子课题进行探索、研究的教学活动。就教的角度而言，主题活动强调要以合乎人性的方式，积极鼓励幼儿与环境中的人、事、物产生有意义的互动；从学的观点来看，主题活动则强调幼儿主动参与，以取得第一手资料。而主题的内容，通常要取自幼儿所熟悉的生活世界。

仁润特色文化课程的结构主要由六个中心主题构成，如"隆都美食齐分享""隆都话说说说""隆都人家""红木潮流坊""侨心润童心""本土文化区域活动"。其中，每个中心主题延伸出多个子课题，如主题活动"隆都美食齐分享"包含"好吃的美食""美食大家庭""美食大制作"；主题活动"隆都话说说说"包含"隆都童谣"和"隆都方言"；主题活动"隆都人家"包含"隆都民俗"和"隆都古迹"；主题活动"侨心润童心"包含"美丽的侨乡——大涌""华侨名人——余金晃""华人华侨的家园——唐人街"和"侨苑小舞台"；主题活动"红木潮流坊"包含"树是红木的朋友""红木家具"和"红木家具大品牌";主题活动"本土文化区域活动"包含"隆都美食馆""畅玩隆都童谣""华侨文化活动区""隆都民俗体验区""民间游戏""美丽大涌""过新年""隆都人家做客""大涌一日游""大涌墟""趣味隆都广播台""红木展销会""红木秀"以及"红木加工厂"等活动。

仁润教育课程体验式月主题活动

五、特色课程建设的文化表达

推动彰显地域文化特色的课程建设,离不开重要的文化支持。文化课程是社会文化的产物,课程的价值以文化适宜性为前提,幼教课程应充分考虑所处文化的支持与制约作用,并发挥文化传承与文化选择功能。我园高度重视文化建设,始终坚持走"以本土文化研究为导向,将本土特色文化融入幼儿教育当中"的办园之路,形成了幼儿园独特的文化生长方式。

活动实录

仁润教育闪耀武汉·东湖微论坛
——记金仁萍园长武汉·东湖微论坛活动

一、活动背景

为了加强广东省金仁萍名园长工作室专家队伍建设，打造优质的广东省金仁萍名园长工作室专家团队，提升广东省金仁萍名园长工作室的工作效率，以专家引领为先的原则，赴武汉参加论坛专题交流学习活动，在大会上分享乡土文化教育成果——仁润教育模式。

仁润教育耀东湖

才闻雪域百花香，

又到江城学习忙；

亿童论坛成知音，

仁润教育耀东湖。

二、活动实录

武汉盛夏的炎热未能阻挡我们前进的步伐。2018年7月25日—27日，广东省金仁萍名园长工作室主持人金仁萍园长携工作室专家团队，参加由华中师范大学、亿童教育装备研究院主办的"名园长俱乐部·东湖微论坛——读懂儿童，深度建构园所文化"论坛，深度探讨新时期幼儿园文化建设。

金仁萍园长在东湖微论坛园长合影

会场全景

金仁萍园长在会场认真做记录

　　我们聆听了华东师范大学教育学部教授刘晓东博士题为《儿童精神哲学》的讲座。刘教授用风趣幽默的语言，博古论今，从国家层面到学校再到园所文化的构建，通过一个个问题引发了我们从不同角度对幼儿教育的思考。他用自己真实的案例，给我们呈现了《儿童精神哲学》这本书的真谛。

金仁萍名园长工作室团队与刘晓东教授合影

随着课程改革的推进和教育视野的不断拓展，如何传达地域文化、民俗风情，促进幼儿个性发展，是金仁萍园长一直在实践探索的课题。金仁萍园长以地域文化为切入点，以仁润教育为核心价值，做了题为"红木小镇·仁润教育"的讲座。她认为，作为祖国的未来、家乡的希望，幼儿有责任去了解家乡的人文资源、本土文化，让"地域文化"滋润幼儿幼小的心灵，培养他们良好的思想和行为品德，为其一生的发展奠定坚实的基础。正是因为如此，金仁萍园长所领导的幼儿园在不断地探索中凝练出以"仁者爱人、仁爱满园、文化育人、润泽童心"为核心价值的仁润教育模式。

金仁萍园长分享仁润教育经验

两天的交流学习，由来自广东、河北、河南、湖南、广西、江苏、贵州、黑龙江、上海等12位名园长分享了独特的园所文化建构理念。

金仁萍园长与其他7位名园长荣获"学术交流荣誉证书"

论坛最后由湖北省政府督学、中国教师报特聘高级专家、学校建设的知名专家李情豪做了总结性的发言，并为在座的专家、园长们吟诗一首，句句感人至深，让在座的幼教人在诗歌中重新领悟幼教的真谛。

广东省金仁萍名园长工作室将以"仁爱之心"筑梦未来，让仁润教育模式绽放出更加耀眼的光彩！

红木小镇 仁润教育
——记金仁萍园长中山市幼儿园园长研讨活动

一、活动背景

党的十九大强调优先发展教育事业，办好人民满意的教育，首次提出实现"幼有所育"，办好学前教育，努力让每个幼儿都能享有公平而有质量的教育。

为了进一步提高幼儿园园长的专业水平，促进全市幼儿园的内涵发展，提升幼儿园的办园品质，搭建相互交流的平台，增进园所间横向交流与沟通，创建更多优质品牌幼儿园，特举办"广东省金仁萍名园长工作室启动仪式暨中山市幼儿园园长研讨活动"，并在大会上分享乡土文化教育成果——"红木小镇·仁润教育"。

仁润教育源大涌

以仁为本滋心灵，

筑润童年养德行；

家园与共育仁爱，

乡音乡韵乡情满；

仁润教育源大涌，

红木小镇放光彩。

二、活动实录

2018年11月1日上午，在大涌镇中心幼儿园举行了中山市幼儿园园长研讨活动暨广东省金仁萍名园长工作室启动仪式。第一个活动是广东省金仁萍名园长工作室启动仪式。启动仪式结束之后进行了第二个活动——中山市幼儿园园长研讨活动。参加研讨活动的有广东省教育研究院学前教育教研员、广东教育学会学前教育专业委员会副理事长、学术委员李英博士、广东教学报郭强主编、中山市委党校教育行政管理教研室周立胜主任、中山市教体局学前教育管理科魏娴副科长、中山市园长工作室主持人伍春虹园长、中山市园长工作室主持人黄丽云园长以及各镇区中心幼教专干、幼儿园园长共80余人。

中山市幼儿园园长研讨活动现场

1. 园长经验分享

金仁萍园长是大涌镇中心幼儿园园长、广东省名园长工作室主持人，她主张仁润教育，提倡"仁者爱人、仁爱满园、文化育人、润泽童心"的教育思想。她和大家分享了题为"红木小镇·仁润教育——大涌镇中心幼儿园地域文化课程实践探索"的讲座，从文化自信的高度引出课题，通过四个掷地有声的追问，阐明了该课题开展的重要性和必要性。紧接着，金园长从仁润教育课程模式的文化背景、课程建设的原则、基本策略等方面全面呈现了课题开展的情况，用一张张充满视觉冲击的照片全面呈现了新隆都文化，给大家留下了深刻的印象。

金仁萍园长经验分享

2. 专家点评

广东省教育研究院学前教育教研员、广东教育学会学前教育专业委员会副理事长、学术委员李英博士对园长们的分享做了点评。他认为，听了名园长们的分享倍感信心，相信中山市的学前教育在名园长的引领、辐射下一定会越来越好，开出希望之花。此外，李博士还建议园长们一定要坚持阅读书籍，"书籍是人类进步的阶梯"，阅读书籍可以提高自身修养、开拓视野，像一束阳光、一朵鲜花，照亮前路，未来一定会芬芳满园。

中山市委党校教育行政管理教研室周立胜主任就园长们的分享从两个方面做了点评。一方面，他高度赞扬了仁润教育的课程模式，认为学前教育的本身要从幼儿出发，遵从幼儿身心发展特点；另一方面，周主任从工作室的运作方面提出建议，认为要从工作室本身出发，引领园长成长，指导课题研究，推广办学成果。

　　中山市教体局学前教育管理科魏娴副科长做了最后的总结性发言。她说，今年中山市的学前教育是硕果累累的一年。本次活动的开展首先是为了把工作室的运作形式展示给大家，有利于创新人才的培养；其次也是为了聚集骨干力量，分享交流经验，让大家更有信心迎接新的挑战。

　　相信工作室未来一定会引领中山市幼儿园的成长，开出姹紫嫣红的花。

科研案例

大涌华侨余金晃

一、案例背景

大涌华侨足迹遍布全球，经商、从政，各类人才突出，海外社团、著名华侨人物、各领域领军人物众多，是大涌存放海外的一笔巨大财富。而华侨创业、革命、奉献、追求发展、团队协助、爱国、爱乡的精神，一直以来都是大涌乡土文化的重要组成部分。利用本土丰厚的华侨文化资源，丰富幼儿园的乡土教育内容，引导家长、教师、幼儿共同感受华侨先辈爱国、爱乡、勇敢、勤劳、节俭的精神，从而"点燃"幼儿的感恩之火，让家乡的本土华侨文化精神走进幼儿年幼的心，真正促进幼儿的全面发展、和谐发展。因此，开发和利用大涌华侨文化教育资源在幼儿园的教育过程中有着重大的实践意义。

二、案例描述

上课啦，幼儿安静地坐着。"在我们大涌有很多华侨，今天我们来学习一位大涌华侨，他很厉害，他是谁呢？我们一起来听一听他的故事。"我出示PPT讲故事，在讲故事的过程中穿插一些有效提问，让幼儿初步了解余金晃一天学习、工作的情况。故事讲完了，我对他们说："我们的故事听完了，小朋友，我有几个问题想请你们分组讨论一下：你最想学习铁人余金晃的哪个地方？怎样才能让自己成为小铁人？请跟旁边的小朋友讨论一下。"听到我的要求，他们三五成群地讨论起来。有的幼儿先是沉默不语，似乎不知道应该讨论什么。我蹲下加入他们："你们觉得余金晃是个什么样的人？"思琪说："我觉得他是一个不怕苦、不怕累的人，每天辛辛苦苦地工作。"斯航说："我觉得他是一个坚持做事的人！"浩杰说："他还是一个诚实守信的人，受伤了也坚持把货物送给客人！"子艺说："我觉得他是个爱学习的人，吃饭都在学习。"我全都笑眯眯地点点头，对他们发表的观点表示肯定。幼儿看见我点头，受到了鼓励，也受到了同伴的启发，越说越多。我又问："大涌华侨余金晃有很多优点，那你想学习他的哪些优点呢？你怎么学习？你们一起讨论一下。"又过了几分钟，我问幼儿："你们讨论完了吗？谁来跟我们分享一下？"佳欣第一个举手："我最近在学习跳舞，我要学习他不怕苦、不怕痛的精神！因为压腿真的好痛，但我不会放弃的！"贤龙也举手说："我在学跆拳道，我也会坚持的！""我要学习他爱学习的精神，认真上课！"幼儿的回答都联系到了自己的生活。我满意地点点头："余金晃这位海外华侨从小爱劳动、爱学习，我们小朋友要学习他这种吃苦耐劳的精神！"随后，我们看了绘本，并进行了扩展游戏。

三、分析与反思

大涌华侨的故事较成人化，课前我把故事进行儿童化，提前绘制了故事读本，以绘本为传承载体，将大涌华侨文化与绘本巧妙结合。绘本的图画直观形象，文字简洁明快，可以把很多品德道理透过有趣的绘画、简练的文字传达给小读者。再把绘本内容制作成有声的动态PPT。在活动中，我通过故事游戏化、生活化的方式引领幼儿学习华侨先辈诚信、知礼、感恩、刻苦、勤劳、节俭、自立、自信的精神，丰富幼儿的社会生活经验，发展了幼儿的社会认知能力，让本土文化厚实幼儿的素养，培养了幼儿的民族自豪感，促进幼儿对家乡文化的认同感。本节课整个课堂气氛活跃，幼儿在集体面前的表现欲望强烈，踊跃作答。在讨论分享环节，幼儿都能积极大胆、完整地用自己的话表达自己的意思，并联系自己的生活。教师只有在坚持尊重幼儿主体地位的前提下，发挥自己在工作中的主导作用，才能真正成为幼儿学习活动的支持者、合作者、领导者。

传统民间游戏

一、案例背景

游戏是幼儿童年生活不可或缺的一部分，是童年欢乐、自由和权利的象征。《纲要》中指出："幼儿园必须以游戏为基本活动，开展丰富多彩的户外游戏和体育活动，培养犹如参加体育活动的兴趣和习惯，增强幼儿的体质。"传统民间体育游戏的趣味性、娱乐性、实用性较强，深受幼儿喜欢。本学期，幼儿园开展了传统民间特色游戏。我们根据幼儿的年龄特点并结合传统民间游戏的特点，选择适合的民间游戏，让幼儿在玩中乐、乐中学，玩中有得、玩中有创，更好地促进他们全面发展。

二、案例描述

传统民间游戏有很多，如跳皮筋、踩高跷、打弹珠、滚铁环、投沙包等，其中投沙包是民间游戏中最为简单的。怎样才能把无聊简单的游戏变得有趣，又能让幼儿接受呢？幼儿刚接触沙包时，内心充满了好奇，教师教给幼儿的几种玩法他们接连玩了几天。几天后，幼儿的热情慢慢没有了，除了少数幼儿还在玩沙包，有的在塑胶地垫上滚着玩，有的围着场地跑着转圈，活动开始有点乱了。这时，仍在玩沙包的几个幼儿的玩法很有意思。教师意识到了游戏中存在的问题，并立刻进行解决，幼儿充分发挥自己的想象力创新游戏，教师在适当的时候可以给予建议。教师放手后，调动了幼儿参与游戏的积极性和主动性。《纲要》指出，幼儿是游戏的主体。在游戏的过程中，幼儿会遇到许多问题，如人数或多或少、大家对游戏规则的理解不一致等。幼儿民间游戏是自己创编的游戏，幼儿在民间游戏的进行过程中始终处于积极主动的地位，从游戏的选择、角色的分配、玩具材料的准备到游戏情节的发展，都由自己完成。

实录1：

在户外活动时，我选择了投沙包这个民间游戏，首先我就跟幼儿讲解了投沙包的几种玩法："小朋友，今天我们要玩的游戏是投沙包。沙包可以怎么投呢？下面老师就来示范一下。"沙包可以"投"，幼儿站在同一条线上投沙包或者背朝后投，比比看谁投得更远；也可以在前面设置一些障碍，幼儿跑过去把沙包投进篮子中；还可以情境创设一个"大灰狼来了"的游戏，教师制作一个大灰狼的头饰贴在凳子上，幼儿站在指定的地方用沙包攻击大灰狼，把大灰狼赶跑。幼儿进行游戏，按照教师说的规则玩，玩得不亦乐乎。但是，过了几天后就有个别幼儿开始拿着沙包"瞎玩"，浩浩和祺祺拿着沙包和厚纸板在抛接沙包。于是，我走到他身边问："浩浩，你们怎么按游戏规则玩的呀？"他说："我玩的不是老师刚刚说的游戏，这个游戏是我自创的。"当时听到他这么说我还是挺较惊讶的，我又问："那你们的这个游戏叫什么名字？是怎么玩的？"他说："叫扔沙包。就是把沙包扔高然后用纸板接住又抛高，不能让沙包掉下来，不然就输了。"通过他们的表现我发现，幼儿对于游戏的玩法有更多的见解与想法。活动结束后，我对于投沙包的游戏有了进一步调整。

实录2：

有了上一次的问题后，我对投沙包这一类游戏进行了调整。首先，除了沙包我还增加了其他游戏材料，如长短不一的木板、小木墩、竹篓、篮子、簸箕等，提供多种游戏材料先让幼儿自主游戏。我对幼儿说："今天老师给小朋友增加了一些材料，你们可以利用这些材料创新沙包的玩法。"说完后，大家就开始三三两两地玩起来了。刚开始幼儿还不知道怎么玩，还是在玩之前告诉他们的那些玩法。后来我发现浩浩和祺祺又有了新的玩法，于是我就大声地鼓励和表扬他们，并让他们示范了给其他幼儿看。通过他们的示范并带着其他幼儿一起游戏，幼儿很快进入了游戏，并且利用材料想出了各种各样关于沙包的玩法。加之教师没有干涉他们的活动，使他们有了最大的自由发挥空间，大家玩得不亦乐乎，笑声溢满幼儿园。

教师观察记录：

（1）刚刚我们把沙包装到了小篮子里，把小篮子放在背后用绳子绑在腰上，然后摇晃身体让沙包从篮子里掉出来，看谁的沙包最快掉完。

（2）把沙包放在背上，手不能碰沙包，学螃蟹走路的方式，沙包不能掉下来走到指定的地方。

（3）在同一条线上投沙包，看谁又快又准地投进竹篓里。

（4）一个人站在线上扔沙包，两个人站在对面抬着簸箕接，互相合作，在规定的时间里哪一组接得最多为胜。

（5）幼儿把木板架在木墩上，形成了跷跷板的样子。将沙包放在木板的一端，另外一端用脚使劲踩下，沙包就会跳起来，后面有人拿着小篮子接住沙包。

（6）幼儿分为两组进行，每组3—4个人，从起点到终点的途中会设有障碍物。幼儿要越过障碍物并把沙包接力给下一个幼儿，直到把沙包接力运到终点为止。

通过观察，我把以上游戏分为两类：个人赛和小组赛，玩法和游戏规则都由大家商量决定，还给每个游戏取了个好听的名字。

个人赛：幼1组"抖抖乐"

幼2组"螃蟹运食物"

幼3组"快又准"

小组赛：幼1组"你抛我接"

幼2组"弹力沙包"

幼3组"接力赛"

三、分析与反思

从幼儿实际玩的过程中可以看出，幼儿在玩投沙包时，教师太过着急把所知道的东西教给幼儿。其实游戏是要幼儿自己慢慢探索，发现问题可以跟同伴商量解决，实在解决不了的可以求助老师帮忙。教师是幼儿民间游戏的伙伴，是幼儿的引导者。当幼儿玩游戏出现问题时，作为教师要反思游戏的规则、玩法、材料是否适宜幼儿，并找出导致问题的原因，找到解决问题的方法。当教师放手让幼儿自主游戏时，平常比较活泼聪明的幼儿很快就能进入属于自己的游戏时间。但平时比较文静的幼儿还是放不开，无从下手，或没有想法，但通过其他幼儿的示范并带着他们一起游戏，也能很快进入游戏，并利用材料创新游戏玩法。民间游戏有其相对固定的规则和玩法，教师在引导幼儿理解游戏规则的意义之后，重要的是鼓励幼儿对游戏的创新。在组织民间游戏时，教师不应让幼儿呆板地遵守规则，按照固定的玩法一成不变地使用材料，而是要鼓励幼儿在游戏中根据自己参与游戏的体验和需要制定出适宜的规则。幼儿自己制定的游戏规则更容易遵守。

包金吒

一、案例背景

游戏是幼儿最基本的活动方式，是获得发展的最佳途径，也是幼儿学习的基本方式。在幼儿的一日生活中，游戏是幼儿最为喜欢、最能够接受的一种方式，可见游戏在幼儿发展与教育领域中具有重要的意义。近年来的幼教改革，人们十分重视教育观、儿童观的转变，并且更加重视发挥游戏在促进幼儿全面发展中的独特教育作用。

二、案例描述

"隆都美食馆"里有很多本地传统美食，金吒、角仔、叶仔、年糕、金钱圈、煎堆等。今天，康康是"隆都美食馆"的小厨师，他高高兴兴地来到"隆都美食馆"，戴上围裙，坐在他的小桌子前开始揉面团。他从面粉袋里盛出来两大碗干面粉放在大盆里，然后在面粉里加入两杯水，就开始揉面团。他似乎觉得很好玩，于是越揉越开心，越揉越用力，还时不时发出"嘿、嗨、哟、哼呀"的声音。"隆都美食馆"的另一位厨师萌萌走到他的身边问他："你揉好了没有？"康康看了看他手边的东西，想了想说："别着急，很快就好了，稍等一下。"这时我走到他的身边问道："你在干什么呀？"他搔搔头说："我在揉面团。"我接着问他："这些面团可以做什么呢？"他想了一想说："可以做金吒、汤圆、角仔。"他又看了看旁边的肉馅说："啊，是肉馅的金吒。"说罢他一手捏下一小团面团，然后捏出一个洞，就要往面团里塞肉馅。我看着他的动作，在旁说："是这样装肉馅的吗？"他一听立刻停下了动作，想了一下，似乎是在自言自语："难道不是这样的吗？"他看了看旁边的肉馅，把肉馅放进了面团里，再将面团捏出一个小尖嘴，然后看了我一眼，我对他笑了笑。他又捏了几下，又看了看我，我还是对他笑了笑。接着，他好像得到了鼓舞，开始兴奋地做起金吒。

康康一个人在那儿捏得起劲儿，可把其他人给急坏了。萌萌又过来对他说："你东西做好了没有？小客人还在等呢，你没做好我怎么做呀？"这时康康才想起来还有其他的工作要做。他拿起旁边已经准备好的面团，取下一小块，盛起肉馅塞进面团里。这时在一旁等着的萌萌看不下去了，一把抢过他手上的面团说："金吒不是这样做的。"说完拿起面团放在手心里搓了搓，搓成一个小圆球，用大拇指按进面团里，变成一个小碗的形状，再拿一些肉馅放在面团中间，把它包起来，捏出一个小尖头，一个金吒就这么做好了。萌萌得意地对康康说："这样才是包金吒呢。"康康采用萌萌的方法很快也完成了一个金吒，他开开心心地继续包金吒了。可是，康康一个人包金吒的速度太慢了，小客人都等不及了，一直在催他。想了想，他找来了厨师萌萌一起来包金吒，两个人可比一个人快多了。很快金吒就包好了，小客人们都吃上了好吃的金吒，游戏的时间也到了，但小厨师那里还有很多其他的工具都没有用。康康问萌萌："我还有别的东西没用到呢，怎么办？"萌萌回答道："没关系，我们下次再来做吧。"两人开心地收拾好东西离开了。

三、分析与反思

角色游戏是幼儿独立自主的活动。指导角色游戏的核心问题是如何使教师的指导与幼儿在游戏中的主动性和积极性结合起来，引导幼儿在角色游戏中快乐地活动，并获得有效地发展。

1. 提供适宜的物质材料，激发幼儿自主地尝试与探索

游戏中的物质材料能够激发幼儿的游戏愿望和兴趣，对发展幼儿的想象力有重要作用。在"隆都美食馆"中新添加的游戏材料，是幼儿在日常生活中难得一见的东西，因此瞬间就引起了幼儿的兴趣。游戏中，康康一看到这些东西就开始思考，结果将面团和肉馅结合到一起。幼儿能主动提出自己的想法和观点，说明有一定的思维能力。他又重新看了看这些材料，想将这些东西联系到一起，可是实在想不通，毕竟这里很多东西是他从来都没有看到过的。这时，我在一旁看出了他的窘迫，用语言简单地提示他，让游戏得以继续。

2. 在游戏活动中，幼儿能将自己的游戏经验与同伴分享

游戏中，康康根据以往的经验对包金吒有了一定的了解，但是对于具体的操作还是一知半解，而一旁的萌萌能主动上前演示包金吒，明显比康康更有经验。萌萌就像个小老师，向康康讲解包金吒的正确方法，和康康分享经验，让康康也得到了这种经验。在游戏开始之前，班级已组织幼儿进行包金吒的学习，全班幼儿一起包了金吒。萌萌在上次的活动中学会了包金吒，各种操作的要点都掌握得很好，而康康却在包金吒的过程中出现了很多问题。萌萌将她获得的经验和康康分享之后，康康很快也掌握了包金吒的重点。幼儿能独立思考，判断和辨别他人的观点，有独立的见解，不盲从，得以将游戏继续下去。

3. 愿意合作游戏，同伴之间积极交往

游戏是培养幼儿合作交往能力最有效的活动，可以让幼儿摆脱"自我中心"，培养他们团结协作、友好交往的能力。因此，我们要根据幼儿的心理特点，选择合适的游戏内容。在游戏中，康康一个人要完成这些包金吒的工作是很困难的，但他没有选择一个人做下去，而是请刚才帮助过他的萌萌来帮忙。因为萌萌之前跟他讲解过包金吒的方法，所以萌萌对于包金吒应该是很熟练的，选择她一起来做一定可以事半功倍。能主动邀请朋友完成任务，是一种有责任心和自我负责的精神。有人认为，角色游戏是想象的世界，是浓缩了的小社会。幼儿一会儿进去、一会儿出来，乐此不疲，再也没有比角色游戏更能使

幼儿享受快乐的了。他们可以在游戏中像成人一样无拘无束地展示自己的想象活动；可以在游戏中动脑筋、出主意，淋漓尽致地抒发自己的情感。遵守游戏规则（如收放玩具要有条理、要爱护玩具等）会转化为以后对待公物、学习和劳动的态度，这些都是幼儿在未来的社会生活中不可缺少的品质。

角色游戏不是一种孤立的活动形式，它与集体教育教学相互配合补充，从而达到了寓教于乐的目的，最符合幼儿的年龄特点、认知水平和活动能力，能有效地满足幼儿的需要，促进幼儿的身心发展。而且，角色游戏的过程是幼儿全身心投入的过程，是获得动作、语言、情感、认知、社会性等各方面发展的综合性实践活动，全面推动游戏发展价值的实现。

创意木艺

一、案例背景

《3~6岁学习与发展指南》中提出："幼儿艺术领域学习的关键在于充分创造条件和机会，在大自然和社会文化生活中萌发幼儿对美的感受和体验，丰富其想象力和创造力……引导幼儿学会用心感受美和欣赏美，用自己的方式表现美和创造美。"木头、树枝在生活中随处可见，且因为其独特的材质和造型，很容易引发幼儿的创造欲望。因此，我们收集生活中随处可见的木质材料投放到美工室，鼓励幼儿大胆进行各种创意木艺活动。

二、案例描述

实录1：

佳佳来到"木艺吧"，在木质材料超市里拿了一块长方形的木板，又到材料超市选择了各种颜色的颜料，开始进行木板彩绘。这时，陆续又来了几位幼儿，他们各自选择了不同形状的木质材料和不同的表现形式。有的幼儿选择圆形的木板进行彩绘，有的幼儿选择长方形的木块进行线描画，还有的幼儿在木板上进行创作纸巾小人。而书书选择了一根树枝，他用彩绘的方法把树枝彩绘成绿色的，然后在树枝节上点出两个黑色的小圆点，兴高采烈地说："我变出一条小蛇啦。"几个小伙伴把自己创作的木艺作品摆在一起，有造型百态的小蛇、鳄鱼、毛毛虫。木木说："这是我们的魔法森林。"于是，幼儿纷纷把自己的作品放进"魔法森林"里。多多拿了一个纸杯，把自己的小蛇架在纸杯上，说："你们看我的小蛇爬到树上啦。"由于"魔法森林"太拥挤，一个不小心，书书在摆放作品的时候碰倒了多多的小蛇。书书扶起多多的小蛇说："如果魔法森林能再大一点，就能来更多的小动物了。"

实录2：

佳佳来到"魔法森林"里，她在木质材料超市里挑选了一根长木棍、四根短木棍和一块圆木板，做了一只老虎，并把老虎摆放到"魔法森林"里。利利也在材料超市挑选了长短不同的木棍，做出了恐龙的头和夸张的大嘴巴。在组合身体时，一直无法将用来组合身体的木棍黏合，木棍频繁掉下来。他皱起眉头"哎呀"地叫了起来。他停了一会后，又来到材料超市寻找做恐龙身体的木棍，拿起几根木棍，想了想又放下。他回到座位，拿着自己还未完成的恐龙来到"魔法森林"，四处张望后来到一根大树枝旁，把自己做好的恐龙头摆放在树杈上。尝试摆放中，他的恐龙头一直无法固定，放一会就掉下来。于是，他再次来到材料超市拿了盒超轻泥，用超轻泥将做好的恐龙头固定在树杈上。作品完成了，利利拉着同伴去欣赏，他开心地说："我的恐龙爬到树上了。"

三、分析与反思

实录1：

大班的幼儿能用来源于生活的木板、木块、木条等材料进行艺术表现。在创作过程中，幼儿选择圆形的木板、方形的木块进行线描、彩绘，也能迁移自己的已有经验在木板上创作纸巾小人。同时，幼儿能根据木头原有的造型进行大胆地想象与表现，将长的树枝彩绘、装饰后创作出小蛇的形象，将短小的树枝变成毛毛虫等。我们发现幼儿能根据木头的造型进行想象，并在想象的基础上进行绘画、创作。但是，由于临时创设的"魔法森林"空间有限，无法满足幼儿作品展示的需要，造成作品摆放太拥挤的情况。教师及时捕捉问题，并在下次活动时为幼儿提供适宜的活动场地，创造机会和条件，支持幼儿自发地进行艺术表现和创造。

实录2：

在活动中，幼儿通过亲手操作与亲身体验，创造性地表现出自己喜欢的小动物的造型，对木艺创作表现出了极大的兴趣。在活动中，幼儿提出木质材料太少，可选择操作的木头不够多，导致他们在创作中无法找到合适的材料进行创作，同时希望自己的作品能放在更大的户外环境中。通过观察，教师也发现来源于生活的材料在刻意营造的情景中摆放得不够融于大自然，幼儿作品过于工整，创造性不够，室内的活动空间有限，幼儿的操作受到局限。

"传统文化大观园"亲子活动

一、案例背景

《3～6岁学习与发展指南》中指出："运用多种喜闻乐见和能够理解的方式激发幼儿爱家乡、爱祖国的情感。"我园以挖掘传统节日教育资源为切入点，以人文传统教育为主线，以实践体验为途径，大胆创新，不断深化，开拓新的领域，赋予传统节日新的内容。在传统节日教育内容的基础上引导幼儿了解传统、认识传统、体验传统、继承传统，激发幼儿的爱国主义情感和民族自豪感，为幼儿接触优秀的传统文化打开了一扇窗，让幼儿从直观上感受传统文化的美，让传统文化融入幼儿的生活中，特举办了以"传承创新传统文化，做文明快乐中国娃"为主题的"传统文化大观园"亲子活动。

二、案例描述

幼儿园围绕"传统文化大观园"精心布置7个传统文化主题区，每一个主题区都有丰富多彩的传统游戏让幼儿尽兴地玩耍，欢呼声、呐喊声此起彼伏，幼儿玩得不亦乐乎！

3：50—4：10　迎宾　大班的幼儿和扮演十二生肖的教师们以敲锣打鼓的方式迎接家长们的到来。家长身着红色的精美旗袍、风雅唐装、飘逸汉服等服饰出席活动。

4：00—4：30　特色早操展示　首先出场的是中班组的特色早操"群娃戏龙"。以中国龙为道具，随着激动人心的鼓声响起，幼儿举着绵长的龙冲向运动场，随着鼓声和龙一起嬉戏、玩耍。接着出场的是小班组的"福娃娃过大年"。幼儿手持"金元宝"道具，在红彤彤服饰的映衬下，举手投足就像一个个可爱的萌福娃。随后出场的是大班级组的"红红火火迎新年"扇子操。扇子在幼儿的手中飞舞自如，体现了扇子艺术与体操的完美结合。随着五彩斑斓的烟花，全体家长、幼儿、教师一起手拉手跳起了新年圆圈舞。

4：30—5：00　民间游戏体验活动　教师布置7个传统文化主题体验区：

木艺DIY区、华侨文化区、趣味方言区、隆都美食区、民俗迎春花市、民间游戏区等，多达20多个游戏点，如大涌传统文化区里的舞龙舞狮、趣味方言齐齐秀、隆都话听力闯关等。家长和幼儿享受到民间游戏的乐趣，也让家长重温童年的美好时光！

5：00—5：45　班级团圆餐　幼儿园里准备了揪面团一起做汤圆，家长和幼儿品尝自己家乡的传统美食。"咚咚锵、咚咚锵"，十二生肖和家长代表组成的巡游队到各班拜年来了！

5：45—5：50　燃放烟花　欢送家长和幼儿，活动结束。

三、分析与反思

在传统文化大观园活动中，大多数活动环节都能抓住传统文化的核心价值，根据幼儿的学习特点，运用多种喜闻乐见的方式，通过演、玩、学、赏、品等形式学习、体验传统文化。但在活动中，家长随意性比较强，幼儿的专注力不够。如何调动家长参与活动的积极性？如何根据幼儿的自身发展提高有效参与民间活动的能力？这是我一直在思考的问题，本次的"传统文化大观园"活动给了我新的启示。

（1）兴趣就是最好的老师。由幼儿和家长提供民间游戏内容，收集材料，幼儿和家长共同参与。游戏符合幼儿的最近发展区，既能激发幼儿游戏时更投入、更专注，同时调动家长参与活动的积极性。

（2）在活动前，通过通知的形式告知家长在活动中的哪个环节、如何参与活动，这样家长就不是一个旁观者，而是活动的一份子。

（3）特色早操部分，以班级为单位增加亲子节目，呈现更加丰富、多元化的传统文化。

基于仁润教育模式的园所文化

在多年的实践中，从中国深厚的优秀传统文化中寻找幼儿园管理文化的立足点，并与建构园所文化相结合，提出"仁者爱人、仁爱满园、文化育人、润泽童心"的仁润文化办园理念。并将办园理念融入幼儿园管理、教师队伍建设、环境建设、课程建设、家长工作和示范辐射中，形成幼儿园仁润文化核心理念体系。

任何工作都要由人来完成，人是管理的核心。幼儿园的一线教师是幼儿园工作的主体，是促进幼儿全面发展教育的实施者，教师工作的积极性更是提高幼儿园保教质量的关键所在。所以，幼儿园管理要以人为核心，以调动人的积极性为根本原则，建设一支高素质的教职工队伍。人的积极性是处于能动状态下的心理活动，这种状态要真正转化为活动动力还有赖于管理者的努力。

一、倡导人本管理，充分发挥教师的主观能动性

在管理工作上始终坚持"给幼儿最美好的童年，给人生最坚实的基础"的办园理念，以科研兴园为管理策略，以仁爱之心树德行之本，用仁爱与智慧探索幼儿园的管理真谛，形成以人为本的人文管理与教研培一体化的办园特色。不断加强领导班子、师德师风建设，将传统文化与地方特色巧妙融合，在传承中创新，在创新中发展，形成具有开放、多元、童趣、浓厚文化气息的特色校园文化。

园长是幼儿园的灵魂，教师是幼儿园保教工作的主导和幼儿园管理的主体，脱离了教师或者教师作用发挥不够的幼儿园其结果都是不堪设想的。可见，在一个幼儿园的管理当中，园长和教师的关系密不可分。那么，如何才能做到以人为本，充分发挥教师的主观能动性呢？

1. 要尊重教师、理解教师，听取他们的意见和建议

作为幼儿园的管理者，要真正树立管理就是服务的思想，摆正自己和教师的关系，决不能在教师面前高人一等、唯我独尊。我园年轻女教师居多，是教育教学的主力军，在教学工作中都能勇挑重担。涂梅娟老师是一名级组长，她工作细心、认真、负责，尤其擅长班主任工作。她关心、热爱学生，受到家长的一致好评和同事的喜爱。在一次幼儿园未来发展规划的工作会议中，她曾委婉地提出意见，希望幼儿园能加大投入进一步搭建信息化平台，建立多媒体工作室，完善幼儿园局域网，落实教师办公"自动化""无纸化"。为此，园领导班子专门开会讨论了她的意见，一致认为她的意见是中肯的、客观的，不但能使幼儿园现有的电教设备得到充分利用，也有利于幼儿园的长远发展。

2. 以身作则，严于律己

古人云："其身正，不令则行，其身不正，有令则不从。"在工作中，幼儿园的管理者应把自己定位在与教师平等的位置上，尊重个体的长处，善待个体的短处，时刻严格要求自己，凡要求教师做到的事自己首先做到，事事处处起表率作用。比如，安排加班时我必定一直陪同，并参与其中为她们出谋献策；要求提升学历时我率先报名参与本科进修；要求教师准时参加工作、学习会议，每一次我必定提前到达学习现场，从不让教师等我。同时，每次活动我都做好充分的准备，让教师感受我工作的认真和严谨。

3. 关心教师，自觉为教师服务

邓小平曾说："管理就是服务。"作为幼儿园的管理者，要时时处处心里装着教师，为她们排忧解难，关心她们的学习、工作和生活的各种实际困难。因此，我经常深入教师中，每学期再忙都坚持抽时间到课堂一线中去，及时帮助教师解决工作中的疑问；坚持与教师对话谈心，了解她们的所思所想，让她们感觉自己是"大家庭"中的一员。例如在教科研工作上，我在大目标、大方向上把关，对课题组的日常工作尽所能地创设宽松的实验研究环境，在适当的时候伸出援手。例如我园的立项课题《方言的世界——隆都文化资源的幼儿教育开发》，在开题研究之初，课题组碰到了一个难题。我们的队伍来自五湖四海，有半数教师不了解、不懂隆都传统文化，导致无法融入课题实验当中。于是课题组提议尝试启动"隆都文化学习工程"，从激起爱家乡的情愫着手，引

领教师了解隆都文化，接受隆都本土习俗，从而走进"十一五"课题。当听到这一想法和了解到各种难题后，我及时给予了具体的支持，利用自己的社会关系请来了多位资深的、对隆都传统文化素有研究的离退休教育工作者，为教师们讲课，面授隆都传统文化知识。在管理中我还坚持一个原则，不让教师开多余的会，不搞突击劳动，这样既能使她们知道园长没有忘记她们，积极性也在不言之中调动起来。

二、营造和谐团队，充分发挥管理的整体效应和功能

良好的集体心理气氛有力地影响着集体和个人工作的效率，健康、融洽、充满温暖和友谊的集体心理气氛能使成员强烈地体验到在集体中的安全感、满足感、幸福感、责任感，增强学习和认同他人的趋向，养成奋发向上、乐于进取的创新精神。

1. 弘扬师德，培育无私奉献精神

师德是教师之魂，师德建设是我园师资培训工作的首要任务。我们力争形成爱生敬业、乐于奉献、团结协作、教书育人的职业道德，为师德建设的导向制定了园本《教师职业道德规范管理实施条例》，签订了《教师职业道德承诺书》。每周一中午坚持开展政治学习活动，以多种形式组织保教人员学习《中华人民共和国教师法》《中小学教师职业道德规范》《教师职业道德规范管理实施条例》等。不定期地开展卷面测试、"教师职业道德规范"知多少的抽奖问答赛、"体罚与变相体罚个案"辩论赛等活动、举行师德演讲赛、我爱幼儿教育征文征稿活动，等等。每次的师德学习活动都是那么的充实和扣人心弦，不但增强了教师的向心凝聚力，还充分展现了教师队伍敬业爱岗的良好职业道德品质。

2. 点燃感恩之心，营造和谐团体

我园在倡导尊重教师、理解并关心教师、发挥教师个人聪明才智的同时，更注重培养教师协作的团队精神，增强群体意识，使每位教师都能产生认同感和归属感，从而产生一种内在合力，充分发挥管理的整体效应和功能。多年来，我园坚持每月举行一次以感恩为主题的集体联娱活动，以培养教师积极、乐观的心态。如"庆元宵搓汤圆""感恩家乡——特产品尝会""获奖分享交

流会""攀登美丽卓旗山"，适当安排与教师开展谈心活动和团员义务服务活动等，教师欢聚一堂，倍感温馨。就如"感恩家乡——特产品尝会"活动上，来自五湖四海的教师各自展示了家乡的美食特产，并以团队合作表演的方式展现了各地的风土人情。最为精彩的是小品《相亲相爱一家人》，引出了活动的主题，说出了中心幼儿园是相亲相爱的大家庭，都在共同为幼儿教育而努力，为幼儿园的和谐发展共同进退。活动令大家回味无穷，让家长赞叹不已，是一次可贵的心灵沟通！借用一位教师的话说："大涌镇中心幼儿园是一个大家庭，在这里工作很开心，因为这里是一个团结向上的集体。"

3. 调动教师"民主治园"和参与管理的积极性，激发教师的主人翁精神

在管理上大胆尝试让教师共同"当家作主"的做法，广开言路，真诚聆听各方意见及建议。通过成立教代会，建立教代会制度，定期召开教代会工作会议，及时联系各部门，群策群力共商园务，让每个教师都有参与决策的机会与权力。自教代会成立以来，通过教代会一起制定了《教职工岗位职责》《班务工作量化管理办法实施细则》《教职工年终绩效奖励方案》和《师德建设承诺书》等，2010年还审议通过了幼儿园五年总体发展规划。让教师"当家作主"（"民主治园"）的做法使团队形成一股向上的合力，让教师产生积极的工作态度和干劲，充分调动了教师的积极性，大大增强了教师的荣誉感、责任感和"主人翁"意识。

三、关注教师专业成长需要，从根本上发挥教师工作的积极性

需要是人们不满足于现状时的心理状态。"有欲而后有为"，正是人们永不满足的需要，推动着社会的发展和历史的进步。教师作为人类社会成员的有机组成部分，其工作动机依然需要自身以外的推动力来激发。那么，如何根据教师的正当需要来调动工作的积极性呢？

1. 提高福利，增强幸福感

作为园长，在实现情感留人的同时，有责任为员工谋求更为优越的工资福利待遇，不断提升员工生活、工作的幸福感。首先，积极为教师办好事、办实事，每年提供一次免费健康体检，买健康保险等。其次，不断提高工资待遇。2008年起，我园不断完善幼儿园工资制度，调整福利奖励制度，使奖励制度更

显激励性，突出高质量、高效能、高福利的特点，人均年收入做到逐年增长。早在2009年中山市幼儿教师新工资标准出台前，我园已实现人均年收入达2700元。最让教师感觉贴心的激励制度就是实施学历进修奖励制度，凡是参与大专、本科进修的都按标准每月给予学习补贴，现在已经有18名进修大专、本科的教师受惠。由教代会商议、讨论，建立各种特殊奖励制度，以激发教师的上进心和工作的积极性。例如，在全市性的比赛、竞技活动中获得第一名的给予提前晋升一级工资的奖励；能主动承担各级各类教学观摩课、研讨课、示范课等，均作为晋升、考核、评优的依据。特殊奖励制度的运用不但稳定了队伍，更是大大提高了教师工作的主动性。

2. 创设学习环境，提升专业素养

专业化的幼儿教师需要不断培训和学习。由此，我园实行园内与园外学习培训紧密结合的方式帮助教师提高。园本教科研培训是我园师资培训的主阵地，建立了严谨的教科研制度，保证每周二开展教研活动，每周三课题组活动日，并实行全员参与，人人是实验者，班班是实验班。切实做到分层按需培训，以保证各层面教师的培训和提高。在坚持园本教科研培训的同时，积极创造条件让大批教师外出学习。在2007、2008年度外送骨干教师到北京、南京学习的基础上，保持每学期选派个别骨干教师参与教育局主办的培训班，并多次组织各级教师到深圳、广州等地参观学习。一学年累计组织次数达24次，参与人数达50人次，保证教师外出培训率达100%。同时，幼儿园还设立教师阅览室、电子备课室等专门供教师学习和交流的场地，为教师提供大量的课外阅读书报和光盘，创设网络学习环境，并定时举行座谈会、学习竞赛、专家讲座等，使教师在一个宽松、自主的学习环境中主动成长。另外，对于教师学习的奖励应充分关注教师"自我实现"的需要，而不仅仅停留在物质层面。将书籍、光盘、上网费、学习机会、购书券、杂志等作为奖品，把学习作为一种福利，把学习内化为一种品质。

3. 知人善用，搭建成就舞台

教师劳动的个体化决定了教师工作的差异性。为此，我在对教师分配工作时善于避虚就实、用人所长。根据教师各自的工作能力和心理承受能力，委以不同的任务和架设不同的"成就"舞台，以此来激发她们不断进取的自觉性。

对青年教师，以帮扶她们上台、入室，促使她们不断成熟、尽早脱颖而出为出发点；对于有较高成就需要的教师，根据她们的意向安排到有一定挑战性的岗位上，让她们在工作中较好地发挥自己的聪明才智，实现其创造、成就的欲望。例如，梁秀敏老师是一位有责任心、教学能力强的教师，来园一年就被选为中心课题组成员。因为一次公开课中的失误，她产生了退出中心组的念头。作为领导的我并没有过多地指责她，而是帮助她分析，给予更多的指导，让她从失败中吸取教训，并取得成功。她最终被我对她的信任而感动，因而工作起来更加勤勉。今年7月在镇、市公开课上得到同行的高度赞扬，并被评为市"优秀幼儿教师"。梁秀敏老师的成功促使全园教师建立了积极的自我认知，提高了自我的期望值，大大激发了工作的积极性。

总而言之，积极性的调动是一个复杂而又古老的问题，不是一朝一夕的事情，需要管理者树立科学的管理思想，掌握一定的行为科学理论，不断地摸索、调整，充分发挥教师的长处。只有这样才能有效地调动农村幼儿教师的工作积极性，促进农村幼儿园保教质量的进一步提高，确保幼儿园的可持续发展。

四、金仁萍名园长支教活动

广东省金仁萍名园长工作室为充分发挥新一轮广东省名园长工作室的示范引领和辐射带动作用，完善城乡教育相互联动和促进机制，提升乡村幼儿园园长的教育教学能力和教育管理水平，金仁萍园长积极组织和参加"送教下乡"等支教活动。在整个帮扶过程中坚持做到"四有"，即有组织性、有计划性、有针对性、有成效性，使帮扶工作落到实处，使受帮扶对象得到提升。

1. 精心组织，合理安排

加强领导，组织到位。为了确保支教帮扶活动的顺利开展和有效实施，广东省金仁萍名园长工作室主持人、工作室团队成员和入室学员共同参与，成立了送教下乡领导小组，并明确小组成员工作职责。金仁萍园长任领导小组组长，亲自统筹送教下乡活动，从方案的确定、过程的实施、送教的内容，样样亲力亲为，确保本次活动有效开展。领导小组的组员由工作室助手与学员担任，承担本次送教下乡活动的具体实施。领导小组成员分成小组，分别承担所在镇区的送教下乡活动，确保送教下乡活动落到实处。

制定方案，计划详细。为了让送教下乡工作效果显著，领导小组成员首先详细了解帮扶幼儿园的需求，明确送教工作的目标，制定有针对性的送教下乡实施方案。按照实施方案逐步落实，确定和细化送教工作任务，从而使送教下乡活动有的放矢，增强工作的实效性。

团结配合，和谐共进。以送教下乡活动的通知为指引，结合制定的送教下乡活动实施方案，工作室各个成员互相团结、和谐共进、共同努力达到送教下乡的目的。因此，工作室有计划、有方案、有组织地开展送教下乡活动，使送教下乡活动的质量得到保证，使被帮扶幼儿园的园长、教师有目标、有榜样地学习，这样才能从根本上为促进我市学前教育均衡发展起到积极的推动作用。

2. 提高意识，扎实开展

统一思想，营造良好的氛围。为了大力推动和促进送教下乡工作的开展，工作室统一思想，提高意识高度，必要高效地完成送教下乡任务。这次送教下乡活动不仅仅是送方法、送经验的一个简单的送教任务，更应该是一个持续的、长久的过程，要从根本上为促进我市学前教育均衡发展做出应有的贡献。在实施阶段，工作室成员召开网络会议，大家各抒己见，集思广益，各自明确任务职责，对送教下乡活动的开展形式积极讨论，投入全身心的干劲，多方位开展帮扶。

在送教下乡活动期间，根据实际情况，金仁萍园长带领工作室成员深入到各帮扶幼儿园，采取实地考察、访谈、了解教育教学工作等多种形式了解园情。一一做了详细地指导，为被帮扶幼儿园的提升工作理清了头绪，为其顺利升级提供了保障。

送教下乡活动还为被帮扶幼儿园带去了丰富的教具和幼儿书籍，旨在丰富他们的教具，真正做到了除了在师资上帮助外，在物质上也竭尽所能的帮扶幼儿园。

3. 帮扶工作初见成效

金仁萍园长将大涌镇中心幼儿园20多年来凝练的仁润教育理念带到了被帮扶的幼儿园，目的在于要使园长、教师认识到，必须不断提升教育观念，有效改进教学方法，从而使教育理念成为教师提高教学水平的强大内驱力。金园长还教导大家，要成为一个优秀的幼儿园教师，既是学习者、教育者、沟通者，也是示范者，希望所有参与此次送教下乡活动的园长、教师都能永远坚持"以德为先"的准则，时刻保有幼教人的初心。广东省金仁萍名园长工作室入室学员南朗镇中心幼儿园副园长张亚林带领全体教师一起学习了《新时代幼儿园教师职业行为规范十项准则》，时刻提醒我们教育要以德为先。

被帮扶幼儿园的园长、教师通过本次送教下乡活动，教育观念得到改变，大家表示要时刻谨记作为教育者的初心。本次活动对他们而言是一场久旱甘霖，是一缕冬日暖阳，是一盏指路明灯。同时，帮扶活动也带给参与帮扶的工作室成员很多启示，大家受益匪浅，指导上有了很大提高。

4. 坚持"本色"，彰显"特色"

我们注重发挥自身优点，通过参训人员参与活动、亲自体验活动各个环节，提高教研活动的效果，彰显"体验式教研"活动特色。

11月21日，广东省金仁萍名园长工作室走进大涌镇岚田幼儿园。当天，大涌镇中心幼儿园骨干教师陈艳君带来的课例展示——大班语言课《方格子老虎》。随后，参与活动的园长、教师随机分成了3组，就"方格子老虎"的线索展开了热烈的研讨活动。大家各抒己见，气氛热烈，碰撞出智慧的火花。各个小组分别选出一位代表进行讨论结果的汇报，利用集体的智慧互帮互助、共同努力、共同进步。第一组是"活力老虎组"，由组长伍泳娟园长进行教研汇报，他们设计的主题游戏名称是"趣味康乐棋"。通过选图片创编故事，分为两种不同的玩法。然后由陈晓波副园长进行了点评：符合大班幼儿的语言发展水平，由浅到深促进幼儿语言发展领域等。第二组是"虎虎生威组"，由组长李婉媚老师进行教研汇报，他们的设计的主题游戏名称是"打老虎"。可以根据不同年龄的幼儿调整格子卡片，训练幼儿的反应、应变能力。然后由张亚林园长进行了点评：这个游戏融合了幼儿健康、数学、科学等领域，可以锻炼幼儿的数字感知能力等。建议把游戏由户外转为使用开放性的材料，例如条形棍子、空白格子，幼儿可以自创，锻炼幼儿的创造力、想象力等，使游戏多元化。第三组是"众虎同心组"，由组长刘剑辉园长进行教研汇报，他们的设计的主题游戏名称是"小老虎家做客"。分为寻找生活中的格子、探索格子的玩法、小老虎家做客三个部分，促进幼儿想象力、创造力、动手能力、身体协调能力的发展，引入生活，让幼儿热爱生活物品，在游戏中团结协作，感受成功的快乐。然后由刘付珩园长进行了点评：方法多样，空间大，五大领域融合到游戏中，从幼儿兴趣出发，促进幼儿发展。大家通过点评各组的教研内容，汲取他人的优点，相互学习与借鉴，达成共识，相互促进。从组织这种体验式的教研活动中，园长、教师可以相互获得许多理念及方法，对组织教研活动产生了一些新的认识，也促进了园长、教师的专业成长。

11月22日，广东省金仁萍名园长工作室走进小榄镇西区中心幼儿园。广东省金仁萍名园长工作室的入室学员小榄镇（明德）中心幼儿园陈湛副园长为大家带来了一场精彩的教研专题活动。陈园长以《温馨进餐——进餐环节实践探讨》为教研活动主题，提前收集了小榄镇西区中心幼儿园幼儿的就餐情况，并就现状进行了统计与整理，向大家做了汇报。同时也向大家抛出问题，"就幼儿就餐情况分析成因及调整策略，并思考策略的科学意义"，即在《指南》中的价值体现。随后，陈园长组织小榄镇西区中心幼儿园的教师根据小班、中班、大班进行分组，现场讨论"幼儿进餐问题及调整策略"。大家在教研活动中集思广益，集体反思，共同成长。教师不是被动地听讲，而是主动参与，给每一位教师发言讨论的机会，把自己的感受与困惑、心得与体会、方法与手段说出来，让大家共同分享经验。小组成员把智慧的结晶用文字的方式呈现在纸上，每组分别选出一位代表，根据幼儿年龄特征和身心发展规律，结合《指南》内容向大家汇报小组的讨论结果。最后由陈园长就教师汇报结果进行总结归纳。陈园长表示，这一系列活动使教师的综合素质不断提高，有了高素质的教师队伍群体更能深入地进行教学研究，从而促进教研水平不断提高。陈湛园长就园本教研进行了专题讲座。园本教研立足本园，以人为本、以教为真、以研为实，倡导个人反思、同伴合作、团队引领，给主体提供很大的创造空间，让教师乐于教、兴于研，不断提升自己的专业智慧，体验工作的成就感和价值感。然后就"园本教研是什么？""园本教研研什么？""园本教研怎样研？"及"教研时应注意什么？"四个方面展开精彩的讲座。陈园长用温柔清丽的话语向我们娓娓道来，犹如一股清冽的泉水，缓缓地流入我们的心间，让人深明园本教研的意义所在。陈湛副园长通过现场教研观摩、专题讲座等形式将科学高效的教研方法更直观地渗透给参加活动的园长、教师们。观摩教研活动配以专题讲座，将有助于教师对教研观念和教研方法的内化，帮助他们把认识从感性阶段上升到理性阶段。

在帮扶工作中，我们深深感受到彼此的诚意与用心。帮扶活动搭建了校际交流的桥梁，促进了校际联动、优质教育资源共享，开阔了教师的课程视野。送教下乡充分发挥了骨干教师、学科带头人的专业引领作用，激发了教师参与教研的积极性，促进了教师之间的沟通。大家纷纷表示，今后要继续加强联系，携手共进，互帮互助，实现资源共享、优势互补、共同发展。我们深感帮扶责任的重大，将以专业、负责的态度做好广东省金仁萍名园长工作室的辐射带动作用，续写帮扶工作的新篇章！

活动实录

粤藏同心 爱满林芝

——记金仁萍园长西藏林芝支教活动

一、活动背景

为加强西藏自治区幼儿教育师资队伍建设，推动西藏自治区幼儿教育事业发展，广东省金仁萍名园长工作室主持人金仁萍园长作为"新一轮（2018—2020年）广东省名园长工作室"的主持人于2018年7月13日—7月22日参加了"粤藏同心幼教培训工程"第七期西藏支教活动，担任培训工作的授课专家。

缘梦林芝

西藏支教，南粤飒爽身影忙；

尼洋河畔，绿水青山七月天；

缘梦林芝，幼教之花齐浇灌；

粤藏同心，春华秋实举新篇。

二、活动实录

1. 林芝

林芝是西藏海拔最低、气候最温暖、生态环境最好、生物多样性最丰富地区。境内河流交错，峰峦绵延，湖泊星罗棋布，奇岩异洞，喷泉飞瀑，林海浩瀚，名山圣水交相辉映，构成一幅绚丽壮观的天然画卷，素有"雪域江南""人间香巴拉"等美誉，是世界仅存的绝少为人类所涉足的净土之一。

广东省金仁萍名园长工作室主持人金仁萍园长

广东省援藏队的老师为金仁萍园长献上了圣洁吉祥的哈达

2. 途径

经过十几个小时的舟车劳顿，终于到达了西藏林芝市米林机场。前来接机的广东省援藏队的老师为金仁萍园长献上了圣洁吉祥的哈达，并赠言："要常着敬畏的心进藏，放慢你的速度。"

广东省金仁萍名园长工作室主持人金仁萍园长

汽车沿着林芝的母亲河——尼洋河行驶，沿途经过雅尼国家湿地公园，位于巴宜区和米林县境内的雅鲁藏布江与尼洋河两江交汇处，河面海拔2910米。曲线蜿蜒、连绵不绝的高原湿地如画卷般，美得让人窒息，让金仁萍园长不禁感叹大自然的鬼斧神工，禁不住和美丽的风景合影留念！

林芝的母亲河——尼洋河

3. 支教

金仁萍园长来到酒店后，经过短暂的调整，快速适应了林芝的高原环境。第二天就投入到"粤藏同心幼教培训工程"第七期培训班的工作当中。

金仁萍赴"粤藏同心幼教培训工程"第七期培训班培训

金仁萍园长通过"粤藏同心幼教培训工程"第七期培训班的授课，给来自西藏地区各县市100多位学员带来了《新生入园，你准备好了吗？——如何帮助孩子度过入园焦虑期》和《幼儿生活活动中保育人员常规工作》两个实用性的专题讲座。让学员们收获到许多来自我园一线的实践经验，在开拓他们视野的同时提升他们的专业水平。

专题讲座

金仁萍园长运用多种形式讲授讲座内容：集体授课让学员更快接受先进的教育理念；小组研讨让学员间的思维产生碰撞；个别答疑让学员个性化发展得到满足；互动游戏让学员们了解到外界知识的同时，也调动起学员参与的积极性。

金仁萍园长做分组学习指导

金仁萍园长与小组学员合影

这些来自西藏各区县学员们专注认真的态度以及渴望学习的眼神深深地感动了金仁萍园长，学员们身上的青春活力与求知好学的动力也让金仁萍园长看到西藏地区学前教育未来的希望。在讲座最后，金仁萍园长和学员们一起跳起了藏族传统舞蹈"锅庄舞"，将粤藏幼教工作者的心连接在一起！

活动现场情况

金仁萍园长为学员献上了圣洁吉祥的哈达

金仁萍园长为学员颁发证书

金仁萍园长参加了"粤藏同心幼教培训工程"第七期培训班的结业典礼，并为第七期培训班的优秀学员颁发证书。当金仁萍园长将洁白的哈达送给学员们时，也祝福他们在今后的教育生涯中更上一层楼，为西藏的幼教工作做出贡献！

情系乡土　送教下乡
——记金仁萍园长中山送教下乡活动

一、活动背景

为充分发挥新一轮广东省名园长工作室的示范引领和辐射带动作用，完善城乡教育相互联动和促进机制，提升乡村幼儿园园长的教育教学能力和教育管理水平，根据《广东省教育厅、广东省财政厅关于印发中小学名教师、名校（园）长工作室的管理办法的通知》（粤教继函【2018】19号）、《广东省教育厅办公室关于开展新一轮（2018—2020年）省中小学幼儿园名教师、名校（园）长工作室送教下乡活动的通知》（粤教继办函【2018】61号）等文件的要求，广东省金仁萍名园长工作室组织开展送教下乡活动。

送教下乡

秋风凉爽叶斜阳，

送教下乡帮扶忙；

大涌小榄聚一堂，

精心教学成效好。

二、活动实录

1. 情系乡土，送教岚田

2018年11月21日，由广东省金仁萍名园长工作室主持人金仁萍园长带领工作室助手、入室学员来到大涌镇岚田幼儿园进行送教下乡帮扶工作。参与本次活动的还有大涌镇大涌中心幼儿园、大涌镇青岗幼儿园、大涌镇安堂幼儿园、大涌镇南村幼儿园和大涌镇岚田幼儿园等幼儿园园长、骨干教师共20多人。

送教下乡现场

（1）教学展示。大涌镇中心幼儿园陈艳君老师为大家带来了大班的绘本《方格子老虎》的教学展示，整个内容以"方格子的老虎"为主线，幼儿积极、主动地投入绘本角色。教师给予幼儿的不仅仅是绘本画面内容所带来的一些寓意和理解，同时能紧紧抓住幼儿的童趣特征，围绕"快乐"这个中心点、兴趣点，将绘本教学融入有趣的游戏情景中。

陈艳君老师的现场教学展示

（2）智慧碰撞，分享交流。参与此次送教下乡活动的园长、教师随机分成三个组，就"方格子老虎"为活动线索，展开了形式多样的教研活动，大家你一言我一语阐述自己的观点，碰撞出了智慧的火花。

分组交流现场教研

各个小组分别选出一位代表进行讨论结果的汇报，利用集体的智慧互帮互助，共同努力，共同进步。

（3）以德为先，任重道远。广东省名园长工作室主持人金仁萍园长进行了总结性发言。金园长说："我们应利用好工作室的平台，往外推广新思想、新理念，做好工作室的示范、引领、辐射作用，并按要求落实好送教下乡任务。"首先，金园长对在场园长、教师、幼儿们的积极配合提出了表扬；其次，说明要成为一个优秀的教师，就要终身学习。"活到老，学到老"，要品学兼优，不断提升自己的专业素养。然后由刘剑辉园长分享了一个德育小故事——《小黄人维修站》。她说，教育是文化的传递，是心灵的唤醒，每个幼儿都有一个闪光点，教师就是要抓好这个闪光点。最后，金园长为大家普及了教育部印发的《新时代幼儿园教师职业行为十项准则》，大家认真学习了十项准则后，金园长以一句"惊涛拍岸，卷起千堆雪"结束了发言。

金园长总结性发言

（4）捐赠环节。由金仁萍园长代表工作室为大涌岚田幼儿园赠送精心准备的教具，希望小小的礼物能给帮扶园所的教师带来帮助，给幼儿带去欢乐，也对大涌岚田幼儿园的发展给予了美好的期望。

此次送教下乡活动搭建了园所间交流的桥梁，促进了园际联动，优质教育资源的共享，开阔了教师的课程视野。送教下乡充分发挥了骨干教师、学科带头人的专业引领作用，激发了教师参与教研的积极性，促进了教师之间的沟通，希望我们今后要继续加强沟通、联系，携手共进，互帮互助，实现真正意义上的资源共享、优势互补、共同发展等。我们深感帮扶责任的重大，将以专业、负责的态度做好广东省金仁萍名园长工作室的辐射带动作用及中山市省一级示范幼儿园结对帮扶工作，续写帮扶工作的新篇章！

送教岚田大合照

2. 情系乡土，送教小榄

2018年11月22日，广东省金仁萍名园长工作室成员来到中山市小榄镇西区中心幼儿园进行送教下乡活动。

参与此次活动的有工作室主持人金仁萍园长、工作室助手、工作室入室学员、中山市小榄镇（明德）中心幼儿园结对片10所幼儿园的园长及骨干教师，共计60人。

（1）现场教研。教研活动由广东省金仁萍名园长工作室入室学员小榄镇（明德）中心幼儿园副园长陈湛亲自主持，陈园长以"温馨进餐——进餐环节实践探讨"为教研活动主题，提前收集了小榄镇西区中心幼儿园幼儿的就餐情况，并就现状进行统计与整理，向大家做了汇报。同时向大家抛出问题，"就幼儿就餐情况分析成因及调整策略，并思考策略的科学意义"，即在《指南》中的价值体现。

送教下乡活动现场全景

（2）集思广益，分组研讨。小榄镇西区中心幼儿园的教师根据小班、中班、大班进行分组，现场讨论"幼儿进餐问题及调整策略"。大家在教研活动中集思广益、集体反思、共同成长，教师们不是被动地听讲而是主动参与，给每一位教师发言讨论的机会，把自己的感受与困惑、心得与体会、方法与手段说出来，让大家共同分享经验，利用集体的智慧互相切磋、互帮互学、共同提高。

现场教研

金园长现场教研指导

（3）交流汇报。小组成员把智慧的结晶用文字的方式呈现在纸上，每组分别选出一位代表，根据幼儿年龄特征和身心发展规律，结合《指南》的内容向大家汇报小组的讨论结果，最后由陈园长就教师汇报结果进行总结归纳。陈园长表示，这一系列活动使教师的综合素质不断提高，有了高素质的教师队伍更能深入地进行教学研究，从而促进教研水平不断提高。

（4）园本教研讲座。广东省金仁萍名园长工作室入室学员陈湛园长就园本教研进行了专题讲座。陈园长表示，园本教研立足本园，以人为本，以教为真，以研为实，倡导个人反思、同伴合作、团队引领，给主体提供很大的创造空间，让教师乐于教、兴于研，不断提升自己的专业智慧，体验工作的成就感和价值感。然后就"园本教研是什么？""园本教研研什么？""园本教研怎样研？"及"教研时应注意什么？"四方面展开精彩的讲座。陈园长用温柔清丽的话语向我们娓娓道来，犹如一股清冽的泉水，缓缓地流入我们心间，让人深明园本教研的意义所在。

（5）总结性发言。

广东省金仁萍名园长工作室主持人金仁萍园长

广东省金仁萍名园长工作室主持人金仁萍园长进行总结性发言。金园长表示，这是一次成功的活动，其意义深远。感谢工作室的各位成员和小榄镇西区中心幼儿园的配合。在本次送教下乡工作中，金园长深深感受到彼此的诚意与用心，看着教师们教研活动中的认真与严谨，深感帮扶责任的重大，今后将以专业、负责的态度做好广东省金仁萍名园长工作室的辐射带动作用及中山市省一级示范幼儿园结对帮扶工作，续写帮扶工作的新篇章！金园长表示，一个优秀的幼儿园教师既是学习者、教育者、沟通者，也是示范者，希望所有参与此次活动的园长、教师都能永远坚持"以德为先"的准则，时刻保有幼教人的初心。最后，广东省金仁萍名园长工作室入室学员南朗镇中心幼儿园张亚林副园长带领全体人员一起朗诵《新时代幼儿园教师职业行为规范十项准则》，把活动推向高潮。

（6）捐赠仪式。此次送教下乡活动，金仁萍园长代表工作室还为中山市小榄镇西区中心幼儿园带来了幼儿图书100本和优质教玩具一箱。

金仁萍园长与西区中心幼儿园园长

（7）入园指导。金仁萍园长及工作室入室学员陈湛园长和张亚林园长在小榄镇西区中心幼儿园园长的引领下，对幼儿园的基本情况有了基本了解，就园所管理、卫生保健、教育教学、环境创设等多方面提出了建设性的宝贵意见，为园本文化的建设和管理指明了方向。

金仁萍园长对小榄西区中心幼儿园进行指导

此次送教下乡活动对所有参加活动的教师而言是一场久旱甘霖，是一缕冬日暖阳，是一盏指路明灯。真实聚焦幼儿需求，准确把脉教学困境，引领教研前进方向。我们将继续秉承"没有最好，只有更好"的做事风格，充分发挥相互协作、互帮互助的精神，为乡镇幼儿教师搭建一个相互交流的平台，充分发挥了名园长工作室引领、辐射、资源共享的效应。既提高了送教入室学员的自身素质，又推进乡镇幼儿园课程改革深化发展，真正实现"资源共享、优势互补、共同提高"的幼儿教育理念，对提高乡镇幼儿园的教师素质和幼儿园的办园质量起到了良好的示范辐射作用，促进了双方教师的教学互助、共同成长。

送教下乡大合影

参 考 文 献

［1］方克立.中国哲学大辞典［M］.北京：中国社会科学出版社，1994.

［2］宇文利.中华民族精神现当代发展新论［M］.北京：北京大学出版社，
2007.

［3］颜炳罡.崇先祖 重道统——中华文化与民族精神［M］.北京：中华书局，
2017.

［4］李素梅.中国乡土教材的百年澶变及其文化功能考察［M］.北京：民族出
版社，2010.

［5］斐小倩.全球化背景下有关中国学前教育的地域文化研究：学前教育的文
化适宜性视角［M］.上海：华东师范大学出版社，2014.

［6］国家图书馆社会教育部.乡土文化研究（第一辑）［M］.北京：国家图书
馆出版社，2013.

［7］夏志芳.地域文化·课程开发［M］.合肥：安徽教育出版社，2007.

［8］张文新.儿童社会性发展［M］.北京：北京师范大学出版社，1999.

［9］吴正群，敖兰英.农村幼儿园课程现状及其对策思考［J］.教师博览（科
研版），2012，12：99.

［10］中华人民共和国教育部.国家中长期教育改革和发展规划纲要（2010–
2020）［M］.北京：人民出版社，2010.

［11］何晓溪.幼儿园乡土文化教育初探［D］.延安大学，2016：35–45.

［12］王明惠.海外华人家园——唐人街专题展［EB/OL］.自媒体.（2016–
5/2016–7）

［13］李季湄，冯晓霞.3—6岁儿童学习与发展指南［M］.北京：人民教育出
版社，2013.

［14］李国明.大涌华侨资源库［DB/MT］.（2012-3）

［15］孙晶，王思力.粤华侨文化传承［N］.羊城晚报，2016-3-9.

［16］朱志仁，徐志辉.陶行知生活教育理论简明教程［M］.长春：东北师范大学出版社，2015.

［17］周三多，陈传明.管理学［M］.北京：高等教育出版社，2005.

［18］刘熙瑞.现代管理学［M］.北京：高等教育出版社，2000.

［19］贺乐凡.教育管理原理［M］.广州：广东高等教育出版社，2000.

［20］杨文士，李晓光.管理学原理［M］.北京：中国财政经济出版社，1999.

［21］阎德明.现代学校管理学［M］.北京：人民教育出版社，1999.

［22］李旷.教师的工作积极性［M］.济南：山东教育出版社，1996.

［23］成尚荣.课程透视［M］.上海：华东师范大学出版社，2017.

后记 ▶

　　我们的自信从哪里来？从时间和空间的维度看，5000多年的文明，960多万平方千米疆域上56个民族产生的丰富文化，都是人类历史上独一无二的；中国共产党领导人民在革命、建设、改革中创造的革命文化和社会主义先进文化，更是在世界上独树一帜。这种从未中断的文化传承是中国迅速发展起来的根源，也是我们坚持文化自信的源泉。中华文化源远流长，积淀着中华民族最深层的精神追求，代表着中华民族独特的精神标识，为中华民族生生不息、发展壮大提供了丰厚滋养。传统的文化资源只有经过创造性转化才能实现其文化价值。

　　大涌，一直以来都被誉为"文化之乡"。我相信，随着我们对党的十九大精神学习贯彻执行，如何对乡土文化教育进行创造性转化、创新性发展，是如今站在历史新起点上的文化新课题。需要我们站在时代高度，结合时代要求继承创新，注重发掘其当代价值，展现乡土文化的魅力和时代风采。这是新时代赋予我们义不容辞的责任，也是中华文化繁荣发展的必经之路。

　　恭逢新时代，我作为幼教工作者，当不忘初心、扎实工作，有新的作为，做出新的、更大的贡献。

> 品味幼教甘美，收获感动喜悦；
> 怀抱新的梦想，种植希望幼苗；
> 创新乡土文化，仁润教育引领；
> 待到金秋时节，化作香山芬芳。